O Brasil dobrou à direita

Jairo Nicolau

O Brasil dobrou à direita

Uma radiografia da eleição de Bolsonaro em 2018

1ª *reimpressão*

Copyright © 2020 by Jairo Nicolau

Grafia atualizada segundo o Acordo Ortográfico da Língua Portuguesa de 1990, que entrou em vigor no Brasil em 2009.

Capa: Alceu Chiesorin Nunes
Foto de capa: Corte (vertical), Marcius Galan, 2015, ferro pintado e desgaste na parede, 150,5 × 10 × 10,5 cm. Coleção particular
Revisão: Carmen T. S. Costa, Camila Saraiva

Dados Internacionais de Catalogação na Publicação (CIP)
(Câmara Brasileira do Livro, SP, Brasil)

Nicolau, Jairo
    O Brasil dobrou à direita : uma radiografia da eleição de Bolsonaro em 2018 / Jairo Nicolau. — 1ª ed.— Rio de Janeiro : Zahar, 2020.

    Bibliografia.
    ISBN 978-85-378-1888-6

    1. Não ficção; Política 2. Bolsonaro, Jair Messias, 1955- 3. Brasil — Política e governo 4. Eleições — Brasil — 2018 5. Política — Aspectos religiosos 6. Redes sociais on-line I. Título.

20-40721	CDD: 324.720981

Índice para catálogo sistemático:
1. Eleições : Brasil : Ciência política 324.720981

Cibele Maria Dias — Bibliotecária — CRB-8/9427

[2020]
Todos os direitos desta edição reservados à
EDITORA SCHWARCZ S.A.
Praça Floriano, 19, sala 3001 — Cinelândia
20031-050 — Rio de Janeiro — RJ
Telefone: (21) 3993-7510
www.companhiadasletras.com.br
www.blogdacompanhia.com.br
www.zahar.com.br
facebook.com/editorazahar
instagram.com/editorazahar
twitter.com/editorazahar

Sumário

Introdução 7

1. **As regras e a evolução da campanha eleitoral** 19
   A nova legislação eleitoral: filiação partidária, horário eleitoral e financiamento de campanha 21
   As pesquisas de opinião e a evolução da campanha 27

2. **A escolaridade** 37
   A escolaridade do eleitorado brasileiro 39
   Escolaridade e voto para presidente 42
   A escolaridade e o maior problema do país 45
   A escolaridade e as regiões do país 50

3. **Gênero** 53
   Um eleitorado cada vez mais feminino e o "Ele Não" 54
   Gênero e voto para presidente 57

4. **Idade** 62
   Idade e voto nas eleições presidenciais 64

5. **Religião** 68
   Religião e voto 70
   Bolsonaro e os evangélicos 74

6. Petismo e antipetismo   79

Petismo e antipetismo em 2018   82

7. As redes sociais   87

WhatsApp e fake news   90

Os usuários das redes sociais e o voto para presidente   95

8. Regiões e estados   100

Regiões   101

Estados   105

9. Municípios   111

População e voto   112

Municípios, escolaridade e voto   117

Considerações finais   121

Anexo: Nota metodológica sobre os gráficos   127

Notas   129

Referências bibliográficas   138

Agradecimentos   142

Introdução

A HISTÓRIA É MAIS CONHECIDA do que o protagonista. Rip Van Winkle é o personagem-título de um conto clássico da literatura norte-americana escrito por Washington Irving. Rip sai de casa para caçar com a sua espingarda e acompanhado de seu cachorro e adormece debaixo de uma árvore na floresta. Acorda e retorna até a sua aldeia, mas a encontra totalmente mudada. Como ele não reconhece as pessoas se morou lá toda a sua vida? Sua casa está em ruínas, sua mulher já havia morrido e seu cachorro querido tinha desaparecido. Rip chega a um lugar onde vê um ajuntamento de pessoas: era uma eleição. Rip declara-se fiel súdito do rei Jorge, sem saber que o território em que ele vivia não era mais uma colônia da Inglaterra. O que teria acontecido? Depois de alguns percalços, ele descobre que dormiu por vinte anos.

Imagine alguém que acompanha a política e que, acometido pelo sono de Rip, tenha dormido um pouco menos: quatro anos. Esse alguém adormeceu na noite de 26 de outubro de 2014, logo após Dilma Rousseff ter confirmado a sua reeleição para mais um mandato como presidente, e acordou na noite de 28 de outubro de 2018. Ao se atualizar sobre as notícias, fica sabendo que Jair Bolsonaro é o novo presidente da República. Suas perguntas provavelmente seriam: Bolsonaro, aquele deputado federal de ultradireita do Rio de Janeiro, virou presidente? Por que Lula não concorreu pelo PT? O candidato do PSDB só teve 5% dos votos? O que aconteceu para que a ex-presidente Dilma Rousseff tenha chegado em quarto lugar na disputa para o Senado por Minas Gerais?

A lista de episódios que teriam que ser contados para que o nosso Rip tropical fosse atualizado do que aconteceu na política brasileira durante os seus quatro anos de sono é gigantesca. É provável que poucos brasileiros consigam enumerar o volume de eventos impressionantes que aconteceram no período: a presidente Dilma, mesmo contando com uma ampla base parlamentar no Congresso, sofreu um impeachment; milhões de pessoas participaram de manifestações de rua comandadas pela direita, que protestavam contra a corrupção e a favor do afastamento da presidente; o deputado federal Eduardo Cunha (PMDB-RJ) se tornou presidente da Câmara dos Deputados, comandou o impeachment, e meses depois teve o seu mandato cassado pelos colegas e ainda foi preso; o ex-presidente Lula foi nomeado ministro pela presidente Dilma, mas foi impedido de tomar posse por uma decisão de um único ministro do STF (Gilmar Mendes), e depois foi condenado e preso.

Entre todos os eventos, porém, o mais surpreendente é a vitória de Jair Bolsonaro nas eleições presidenciais de 2018. Revi muitas entrevistas e participações de Bolsonaro em programas de auditório televisivos do começo dos anos 2010.[1] Ele é tratado pelos apresentadores como uma figura excêntrica e folclórica. Suas ideias — como a defesa do uso da tortura ou a disposição para participar de pelotões de fuzilamento, caso a pena de morte fosse aprovada — chocam até hoje. Cada vez que acabava de assistir a um desses programas, eu era tomado pelas mesmas perguntas: como alguém com esse perfil chegou à presidência? O que aconteceu no Brasil?

Introdução 9

Quando assinalo que a vitória de Bolsonaro foi o evento mais surpreendente desses quatro anos, não estou falando de um espanto por um resultado diverso do que apontavam as pesquisas de opinião nos dias que antecederam as eleições. Dois eventos ocorridos em 2016 — a vitória de Donald Trump para a presidência dos Estados Unidos e a vitória do "sim" na votação do Brexit no Reino Unido — são exemplos desse tipo surpresa: as pesquisas mostravam uma reduzida probabilidade desses resultados, mas eles acabaram acontecendo. No caso de Bolsonaro, as pesquisas feitas nos dias que antecederam os dois turnos já apontavam um grande favoritismo.

A maior surpresa do primeiro turno foi a grande votação obtida em alguns estados pelos candidatos do PSL (e de candidatos de outras legendas que apoiaram Bolsonaro) para os cargos de deputado federal, deputado estadual, senador e governador. A contagem dos votos revelou que não se tratava de uma vitória solitária de Bolsonaro, mas de um movimento que se agregou em torno dele. Em um texto escrito poucos dias após o fim do primeiro turno, eu assim registrei a minha impressão sobre o que tinha acontecido:

> Os resultados da noite deixaram os analistas de política sem adjetivos. O uso de analogias climáticas, embora meio desgastado depois de anos de crise (quem não se lembra da "tempestade perfeita"?), foi a opção. Estávamos diante de um "tsunami" eleitoral, do "furacão" Bolsonaro, da "avalanche" de votos do PSL. Restava falar da velha ordem política também com imagens de destruição. O sistema partidário estaria "em escombros", "em ruínas", teria vindo ao chão diante de uma "hecatombe de renovação".[2]

Em países que elegem chefes do Executivo pelo sistema eleitoral majoritário de dois turnos, como é o caso do Brasil, é incomum que um candidato posicionado no extremo do espectro político vença uma eleição. Por uma razão muito simples: os votos dos eleitores moderados migram para o candidato adversário. Duas eleições presidenciais francesas são ilustrativas desse padrão. A Frente Nacional, partido de extrema direita, foi derrotada no segundo turno em duas eleições (2002 e 2017) por candidatos de centro-direita, com apoio de parte do eleitorado de esquerda.

Bolsonaro é o político brasileiro de ultradireita que se tornaria mais conhecido em âmbito nacional. Em dois temas de sua agenda (conservadorismo no campo dos costumes e política dura de combate à criminalidade) ele não se diferencia de outros políticos conservadores brasileiros. Mas em um tema ele é praticamente solitário: elogio à ditadura militar (que ele não reconhece como sendo uma ditadura).

Eu lembro que em meados dos anos 1980 nem os políticos do PDS — herdeiro da maioria dos quadros que pertenceram à Arena, a legenda que apoiava o governo militar — ousavam defender o regime. Bolsonaro é o primeiro político de expressão nacional, e talvez o único, que faz elogio aberto desse período da história brasileira. Seu presidente preferido é Emílio Garrastazu Médici, "que acabou com a ameaça dos grupos terroristas"; seu livro de cabeceira é o das memórias do coronel Brilhante Ustra, ex-chefe do DOI-CODI de São Paulo e condenado pela Justiça por sequestro e tortura durante a ditadura. Segundo Bolsonaro, as "prisões eram vazias e podia-se andar tranquilamente nas ruas durante o regime militar".[3]

Introdução

Quando Bolsonaro começou, em 2015, a sua pré-campanha como candidato a presidente, em viagens pelo Brasil, a expectativa dos analistas era que ele conseguiria ativar um pequeno contingente de eleitores de extrema direita que, por falta de opção, haviam votado em candidatos do PSDB em eleições anteriores. Desse modo, ele sairia da disputa no máximo como o principal líder de uma fração do eleitorado brasileiro, com chances de liderar um novo partido de direita. Para vencer uma eleição presidencial ele teria que conquistar o voto de eleitores moderados, provavelmente refratários às suas posições, e obter o apoio expressivo de tradicionais eleitores do PSDB de São Paulo, Minas Gerais e estados da região Sul. Tudo isso parecia improvável.

Como sabemos, o improvável acabou acontecendo. Ele saiu do seu nicho e avançou sobre o tradicional eleitorado moderado do país, vencendo em todos os estados das regiões Sul e Sudeste, conquistando os eleitores de alta escolaridade e os moradores dos bairros e cidades de maior renda do país. Bolsonaro também venceu entre os eleitores de baixa escolaridade e nos grandes centros urbanos. Um dos grandes desafios dos estudiosos das eleições no Brasil é tentar entender como, mesmo fazendo uma campanha na qual em nenhum momento moderou o seu discurso e tentou falar para um eleitor centrista, Bolsonaro conseguiu ter amplo apoio desse segmento.

A VITÓRIA DE BOLSONARO é o feito mais impressionante da história das eleições brasileiras. Ele concorreu por um micropartido, gastou pouco mais do que alguns deputados federais gastaram e, no primeiro turno, dispôs do menor tempo no horário eleitoral gratuito que um candidato competitivo já teve em uma disputa para presidente. Ele fez uma campanha rejeitando o que os manuais de campanha recomendam: moderar o discurso e tentar convencer o eleitor de centro. Bolsonaro foi vitorioso na maioria das grandes cidades do Brasil e conquistou o apoio dos homens e dos evangélicos como nenhum candidato antes dele.

Quanto mais eu me dava conta do tamanho da excepcionalidade da vitória de Bolsonaro, mais estimulado ficava a escrever algo sobre as eleições de 2018.[4] A minha ideia inicial era repetir um caminho que eu já havia trilhado em eleições anteriores: selecionar um aspecto específico, coletar alguns dados, redigir um artigo e submetê-lo a uma revista acadêmica. À medida que comecei a explorar os bancos de dados das pesquisas de opinião e a observar os resultados oficiais das eleições publicados pela Justiça Eleitoral, fui percebendo como a votação do candidato do PSL teve similaridades com a votação do PSDB em disputas anteriores. Mas também descobri que em muitos aspectos os apoiadores de Bolsonaro se distinguiam dos de outros presidentes brasileiros. Mudei meus planos e decidi escrever um pequeno livro, dirigido a um público mais amplo do que provavelmente eu conseguiria atingir com um ou mais artigos acadêmicos.[5]

Outra razão que me impeliu a escrever este livro foi a percepção de que, embora existam bons ensaios e interpretações sobre a ascensão de Bolsonaro, alguns deles conectando o que houve na campanha e o que está acontecendo no governo, quase nenhum está baseado em evidências quantitativas.[6] Espero que os dados analisados aqui possam oferecer um subsídio para entendermos melhor os resultados de 2018,

Introdução 13

mas também o sentido de algumas das políticas públicas do governo Bolsonaro (dirigidas a reforçar as suas bases eleitorais ou cultivar novos apoios).

O objetivo deste livro é traçar o perfil da base eleitoral de Bolsonaro e, por contraste, do PT — que venceu as quatro eleições presidenciais anteriores e cujo candidato, Fernando Haddad, foi o adversário de Bolsonaro no segundo turno —, utilizando extensivamente os resultados oficiais das eleições divulgados pelo Tribunal Superior Eleitoral e os dados de pesquisas de opinião. Em que segmentos sociais (selecionados com base em escolaridade, idade, gênero e religião) Bolsonaro e Haddad receberam apoio mais expressivo? Existe continuidade entre as áreas do país em que o PSDB havia sido bem votado em pleitos anteriores e os redutos eleitorais do PSL em 2018? Qual foi o tamanho do antipetismo? Usuários de redes sociais têm maior probabilidade de votar no candidato do PSL? Bolsonaro também "invadiu" antigas bases eleitorais petistas? Estas são algumas das perguntas que pretendo responder.

Numa tentativa de caracterizar o estilo em que este trabalho foi escrito, diria que busquei fazer um ensaio baseado em dados. Para muitos, isso pode parecer um oximoro, mas foi só quando acabei a redação que percebi que o resultado produzido trazia essa mistura aparentemente contraditória. Do lado do ensaio está minha opção de não fazer referências bibliográficas ao longo do texto, a escrita muitas vezes em primeira pessoa e a narrativa de algumas anedotas para fins de ilustração.[7] Por outro lado, tentei ao máximo (nem sempre foi possível) ancorar os meus argumentos em evidências empíricas, principalmente quantitativas. A combinação não é fácil. É mais simples escrever ensaios não baseados em estatística, ou usar dados e estatísticas na linguagem cifrada dos textos técnicos, que é a forma corrente de comunicação encontrada nos artigos acadêmicos.

O LIVRO É COMPOSTO de nove capítulos. O capítulo 1 apresenta um quadro geral da campanha, com ênfase em dois tópicos. O primeiro deles, que deve ter escapado a muita gente, é que as regras eleitorais foram profundamente modificadas em 2018; apresento um resumo dessas mudanças na primeira seção do capítulo. O segundo tópico é a evolução dos candidatos ao longo dos 45 dias de campanha do primeiro turno e das três semanas do segundo turno. Para tal, utilizo os resultados das pesquisas de opinião do Datafolha e do Ibope, os dois principais institutos de pesquisa do país.

Para os capítulos seguintes, usei como guia perguntas que orientam os estudos de sociologia eleitoral: será que algum aspecto sociodemográfico divide os eleitores numa eleição? Em que medida a votação de um candidato varia de acordo com determinados graus de instrução ou orientações religiosas dos eleitores? Selecionei para explorar no livro cinco características dos eleitores presentes em praticamente todas as pesquisas de opinião feitas no Brasil: escolaridade, gênero, idade, religião e região de moradia. As quatro primeiras serão tema de capítulos específicos (2 ao 5), nos quais uso basicamente dados de pesquisas de opinião; a região aparece neles apenas para mostrar eventuais diferenças no voto para presidente. No capítulo 2, que trata da educação, acrescento um tema relevante para se entender o período abordado: qual problema os eleitores consideram como o mais importante do país.

Infelizmente, nem sempre aspectos que os pesquisadores consideram pertinentes estão contemplados nas pesquisas de opinião ou na estatística disponível. Outras vezes, a forma de perguntar não oferece respostas passíveis de uso. Vejamos um exemplo simples: a renda. É muito comum ler na divulgação de pesquisas de opinião os resultados segmentados por renda ("a avaliação do presidente caiu entre os eleitores com renda superior a dez salários mínimos"). Quem lida com esses dados sabe que muitas pessoas preferem não responder quando são perguntadas sobre a sua renda ou da sua família. Como em alguns bancos de dados o número de "não respostas" para esse tópico era muito grande, achei melhor não utilizar essa variável no livro.

O mesmo aconteceu com a relação entre cor/raça dos eleitores e voto. Meu intento era analisar o tema em um capítulo especial. Como não encontrei um critério único de classificação nas diversas pesquisas analisadas (às vezes o respondente se autoclassificava entre opções oferecidas pela pesquisa, às vezes essa definição cabia ao entrevistador), não me era possível comparar as pesquisas no tempo, como fiz com outras variáveis sociodemográficas, e por isso achei mais prudente deixar uma análise desse tema para outro momento.

Os dois capítulos seguintes também usam pesquisas de opinião, mas agora para avaliar outras características do eleitorado. O capítulo 6 analisa um dos temas centrais do debate político desde os anos 1990 no Brasil: a atitude em relação ao PT, partido que alcançou maior apoio na opinião pública ao longo das últimas décadas, mas também forte rejeição. A divisão petismo/antipetismo já havia aparecido em eleições presidenciais anteriores, mas ganhou uma maior relevância em 2018.

As eleições de 2018 também ficaram conhecidas pelo amplo uso das redes sociais, que desbancaram a televisão como principal canal de comunicação política na disputa para presidente. A campanha de Bolsonaro fez uso das redes sociais (particularmente do WhatsApp) numa escala sem precedentes em pleitos anteriores. A relação entre o uso das redes sociais e o voto para presidente é o tema do capítulo 7.

Por fim, os dois últimos capítulos do livro são baseados nos resultados oficiais das eleições disponibilizados pela Justiça Eleitoral. Desse modo, a análise se desloca dos indivíduos para o território. O capítulo 8 explora os padrões de voto tomando os estados e as regiões como unidade de análise, e o capítulo 9 mostra como se deu a votação nos municípios brasileiros, com o objetivo de mostrar a relação entre duas características das cidades (tamanho da população e nível educacional) e o voto para presidente.

Para dar conta das singularidades da vitória de Bolsonaro, procurei, sempre que havia dados para isso, comparar os resultados de 2018 com os das duas eleições anteriores (2014 e 2010). O fato de ter me restringido às eleições mais recentes se deu por dois motivos. O primeiro é que esse não é um livro sobre a história do comportamento dos eleitores em todas as disputas para presidente: faço menções ocasionais às eleições passadas, mas o foco é a disputa de 2018. O segundo motivo é que existe uma razoável continuidade no padrão de votação do PT e do PSDB entre 2002 e 2014; por isso, a inclusão de mais anos não significaria um ganho analítico muito grande.

Outra decisão importante é que resolvi privilegiar apenas os votos válidos e os resultados do segundo turno. Essa opção também facilitou a comparação com eleições anteriores.

Ainda que a inclusão dos resultados do primeiro turno de 2018 (e das eleições anteriores) pudesse oferecer um quadro mais completo, temi ficar soterrado com o volume de dados que teria que analisar.

Usar apenas os votos válidos, excluindo os votos brancos e nulos, também facilita a compreensão do leitor (o percentual dos dois candidatos somados é sempre 100%) e a análise estatística (no caso, o uso de regressão logística). E, também respaldando essa decisão, observei que os votos nulos e em branco não cresceram significativamente em 2018, nem variaram expressivamente quando comparamos a votação dos diversos segmentos.

Comparar os votos dos candidatos de esquerda que foram para o segundo turno nas eleições presidenciais é fácil, já que em todas as três disputas consideradas eles eram do PT. Mais complicado é comparar a votação do outro campo entre 2014 e 2018, já que Jair Bolsonaro está longe de ser uma continuidade ideológica do PSDB. Pelo contrário, sua posição na extrema direita do espectro político o distancia do tradicional lugar do PSDB como partido de centro-direita. Apesar dessas diferenças, considero que vale a pena observar eventuais similaridades entre a votação das duas legendas. E, como o leitor verá, em muitos aspectos existem semelhanças entre o padrão de votação em Aécio Neves em 2014 e em Bolsonaro em 2018.

Nas próximas páginas, espero oferecer aos leitores (tanto aos que dormiram como Rip van Winkle quanto aos que estavam alertas) alguns elementos para ajudar a responder a uma pergunta relativamente simples: afinal, quem votou em Bolsonaro?

.

I. As regras e a evolução da campanha eleitoral

A INSTABILIDADE DA POLÍTICA BRASILEIRA no período de 2015 a 2017 não foi suficiente para abalar a crença dos analistas e políticos de que o pleito de 2018 seguiria o mesmo padrão que se repetia desde 1994 nas eleições presidenciais. Se o PT e o PSDB polarizaram a disputa presidencial por duas décadas, por que isso não aconteceria novamente? A premissa que orientava a análise dominante era que para vencer, ou pelo menos passar para o segundo turno, um candidato necessitava de três requisitos: obter uma grande soma de dinheiro para financiar a sua campanha, dispor de um tempo razoável no horário de propaganda eleitoral e construir uma rede de apoios nos estados, preferencialmente naqueles com maior população.

Eram sempre lembrados os exemplos dos candidatos que, em campanhas anteriores, chegaram a ultrapassar os 10% nas pesquisas de opinião mas não conseguiram chegar ao segundo turno justamente porque lhes faltou alguma (ou mais de uma) das condições mencionadas. Ciro Gomes e Garotinho em 2002 não contaram com uma rede de apoio em estados importantes e tiveram sua votação concentrada em poucas unidades da federação. A Marina Silva em 2010 faltou praticamente tudo: tempo de propaganda, dinheiro para campanha e uma rede sólida de apoio de lideranças estaduais; em 2014, concorrendo pelo PSB, um partido mais organizado, garantiu um tempo maior no horário eleitoral e recebeu mais recursos para financiar a campanha, mas lhe faltou uma ampla rede de apoio nos estados.

A maior evidência de que a elite política acreditava que o PSDB seria mais uma vez um protagonista da disputa presidencial foi a decisão dos partidos do chamado "centrão" de apostar conjuntamente na candidatura de Geraldo Alckmin.[1] Num gesto incomum na tradição de composição de alianças no Brasil, cinco partidos (DEM, PP, PR, PRB e Solidariedade) resolveram tomar uma decisão coletiva a respeito de qual candidato iriam apoiar para presidente. Depois de semanas de negociação, no dia 26 de julho eles decidiram apoiar o candidato do PSDB — ainda que na última pesquisa publicada antes do começo oficial da campanha (11 de junho) Alckmin não aparecesse com mais de 7%, enquanto Bolsonaro já aparecia com pelo menos 17%, no cenário em que Lula era apresentado como candidato.[2]

Os líderes do centrão também acreditavam que a força do financiamento, do tempo de propaganda política e das redes de apoio se imporiam e levariam o candidato do PSDB ao segundo turno. Bolsonaro, como não contaria com quaisquer dos três recursos, tenderia a minguar e ficar num patamar de em torno de 10%. Ele era comparado aos candidatos que no jargão político são chamados de "cavalos paraguaios": disparam nas pesquisas por serem muito conhecidos, mas acabam despencando à medida que a campanha evolui.

A vitória de Bolsonaro em 2018 mostrou que as três condições deixaram de ser necessárias para se ser eleito presidente no Brasil. Ele venceu sem praticamente aparecer no horário eleitoral gratuito, gastando um valor módico em sua campanha, concorrendo por um micropartido e sem o apoio formal de nenhuma das legendas médias ou grandes.

Este capítulo apresenta um quadro geral da disputa de 2018, com ênfase em dois aspectos: a nova legislação eleitoral que passou a vigorar em 2018 e a evolução dos dois principais candidatos à presidência nas pesquisas de opinião.

A nova legislação eleitoral: filiação partidária, horário eleitoral e financiamento de campanha

As eleições de 2018 certamente não ficarão conhecidas como aquelas em que as regras eleitorais sofreram as mudanças mais relevantes desde 1994. Mas foi o que aconteceu. Não bastassem a crise política e o crescimento de um candidato com o perfil de Bolsonaro, a nova legislação eleitoral trouxe um elemento de incerteza a mais para a disputa. Algumas mudanças (lei 13 165/2015) já haviam entrado em vigor nas eleições municipais de 2016 e seriam agora empregadas pela primeira vez em eleições gerais: a redução do prazo mínimo de filiação a um partido para que um cidadão possa disputar uma eleição; a diminuição do período oficial de campanha e do horário eleitoral gratuito, e o fim do financiamento por empresas; em 2018, os candidatos puderam contar, pela primeira vez, com os recursos de um fundo exclusivamente criado para o financiamento das campanhas eleitorais (lei 13 488/2017).

O prazo mínimo de filiação partidária foi reduzido para seis meses antes do dia do pleito; anteriormente, o prazo era de um ano. Essa redução permitiu que os eventuais candidatos tivessem melhores condições de avaliar as suas chances de sucesso antes de se filiarem a um partido: pesquisas feitas seis meses antes da eleição são mais fidedignas, os eleitores estão mais propensos a discutir as eleições e a avaliação dos governantes é feita com mais acurácia. Jair Bolsonaro acabou se beneficiando da nova regra. Depois de semanas de negociação com diferentes partidos, ele acabou se filiando ao PSL no dia 7 de março, exatos sete meses antes da eleição de outubro.[3]

A duração da campanha eleitoral oficial — momento em que os candidatos podem formalmente fazer campanha e aparecer na imprensa como tal — também foi reduzida à metade: de noventa dias em 2014 para 45 dias em 2018. Por isso, a campanha começou bem mais tarde (15 de agosto) do que em anos anteriores (5 de julho, em 2014). O período de divulgação da propaganda gratuita no rádio e na televisão foi diminuído, de 45 para 35 dias, e também a duração do horário eleitoral em rede foi reduzida à metade do que havia sido em 2014: os candidatos tiveram somados apenas 25 minutos, divididos em dois blocos (tarde e noite).

Tanto lideranças políticas como analistas acreditam que as campanhas curtas e o tempo mais reduzido de propaganda eleitoral tenderiam a favorecer os partidos tradicionais e os políticos mais conhecidos, pois com a redução do tempo global de propaganda os candidatos que concorriam pelos menores partidos teriam poucos segundos por dia, o que praticamente inviabilizaria a divulgação de suas propostas.

A distribuição do tempo de rádio e televisão de 2018 foi, entre todas as disputas para presidente desde a redemocratização, a que conferiu menos tempo de divulgação para os candidatos das pequenas legendas. No primeiro turno, Bolsonaro teve apenas oito segundos de propaganda por bloco, tempo que dá somente para ler a primeira frase deste parágrafo. Em contraste, Geraldo Alckmin, o candidato com mais tempo, garantiu cinco minutos e 32 segundos por bloco; ou seja, 42 vezes mais tempo do que Bolsonaro.

Além do horário eleitoral tradicional, a legislação prevê a difusão de inserções de trinta segundos nos intervalos da programação dos canais abertos de rádio e televisão. A audiência do horário eleitoral em rede tem caído, sobretudo por conta de o telespectador poder assistir aos canais a cabo e por assinatura e usar o celular e o computador como fonte de lazer e informação. Por isso, as inserções que são divulgadas nos intervalos comerciais passaram a ser as preferidas dos candidatos — e a distribuição delas também foi marcada por uma alta concentração nas eleições de 2018: Alckmin teve direito a 432 inserções (44% do total), Haddad a 188 (19%) e Bolsonaro a apenas onze (1%).

A Tabela 1 mostra o tempo total (somatório do programa em rede e das inserções) em minutos que cada candidato a presidente teve no primeiro turno em 2018. Bolsonaro teve ao seu dispor apenas nove minutos e trinta segundos (1% do tempo total), mesmo tempo de José Eymael (DC) e do Cabo Daciolo (Patriota). Caso tivesse apenas esse canal de comunicação, dificilmente Bolsonaro conseguiria se tornar conhecido por ampla fatia do eleitorado. Em contraste, Alckmin teve ao seu dispor 383 minutos (44% do total), um dos maiores tempos de propaganda das campanhas para presidente no Brasil. Quando olhamos a coluna com a votação dos dois candidatos, a impressão é que eles tiveram os percentuais invertidos: Bolsonaro obteve 45% dos votos válidos e Alckmin recebeu apenas 5%.

TABELA 1. Tempo total dos candidatos a presidente
no horário eleitoral gratuito, primeiro turno (2018)

Candidato	Partido	Tempo no horário eleitoral gratuito	% do tempo de propaganda	% de voto
Geraldo Alckmin	PSDB	383min	44,5	4,9
Fernando Haddad	PT	165min30	19,2	29,8
Henrique Meirelles	MDB	133min	15,4	1,2
Álvaro Dias	PODE	46min	5,3	0,8
Ciro Gomes	PDT	44min	5,1	12,7
Marina Silva	REDE	24min30	2,8	1,0
Guilherme Boulos	PSOL	15min	1,7	0,6
Vera Lúcia	PSTU	10min	1,2	0,1
Cabo Daciolo	PATRIOTA	9min30	1,1	1,3
José Eymael	DC	9min30	1,1	0,0
Jair Bolsonaro	PSL	9min30	1,1	45,0
João Amoedo	NOVO	6min	0,7	2,6
João Goulart Filho	PPL	6min	0,7	0,0

Fonte: Dados calculados pelo autor a partir da legislação eleitoral.

Com relação ao financiamento, durante duas décadas (1994--2014), as campanhas para presidente no Brasil foram custeadas, principalmente, com recursos doados por empresas. Em 2015, o Supremo Tribunal Federal considerou inconstitucional a doação empresarial para partidos e candidatos. A solução encontrada para ocupar o vazio deixado pelo fim das doações das empresas foi a criação, em 2017, de um fundo com o propósito de financiar as campanhas com recursos públicos.

Além do dinheiro desse novo fundo eleitoral, os candidatos podem usar seus próprios recursos e receber financiamento de pessoas físicas. Outra novidade foi o estabelecimento de um teto de gastos de campanha para cada cargo. Um candidato a presidente pode gastar até R$ 75 milhões no primeiro turno, com eventual acréscimo de mais R$ 35 milhões no segundo turno; o teto final poderia, assim, chegar a R$ 110 milhões. As eleições presidenciais de 2018 foram as primeiras a serem financiadas por recursos do novo fundo e as primeiras, desde 1994, em que as empresas foram proibidas de doar. O dinheiro do fundo eleitoral é alocado para os partidos segundo uma série de critérios (o principal deles é o desempenho na eleição anterior para deputado federal). Os partidos têm liberdade para distribuir os recursos como quiserem entre os seus candidatos a diferentes cargos, desde que as candidatas mulheres fiquem, somadas, com 30% do total. Um partido pode, por exemplo, gastar todo o dinheiro do fundo nas eleições para deputado federal, enquanto outro pode alocar todo o recurso na campanha de seu candidato a presidente.

Os candidatos à presidência em 2018 tiveram nos dois turnos uma receita somada de R$ 221 milhões, com enorme concentração em apenas três nomes: Henrique Meirelles (R$ 57 milhões), Fernando Haddad (R$ 56 milhões) e Geraldo Alckmin (R$ 54 milhões).[4] Bolsonaro teve uma receita de apenas R$ 4,4 milhões (R$ 1,2 milhão no primeiro turno e R$ 3,2 milhões no segundo turno). Para se ter uma ideia, o teto de gastos para deputado federal foi de R$ 2,5 milhões; Bolsonaro foi eleito gastando nos dois turnos um pouco mais do que muitos candidatos a deputado federal gastaram.

A excepcionalidade da campanha de Bolsonaro aparece com força mais uma vez quando comparamos os recursos arrecadados no primeiro turno e o total de votos dos candidatos a presidente (Tabela 2). Bolsonaro obteve 45% dos votos válidos, mas

26 O Brasil dobrou à direita

dispôs de apenas 0,7% da receita total de campanha, valor que o aproxima dos candidatos da parte inferior da tabela. No outro extremo podemos ver que Meirelles e Alckmin obtiveram votações pífias para o volume da receita de suas campanhas.

TABELA 2. Receita dos candidatos a presidente, primeiro turno (2018)

Candidato	Partido	Receita em milhões	% de receita	% de votos
Henrique Meirelles	MDB	R$ 57,030	31,1	1,2
Geraldo Alckmin	PSDB	R$ 54,061	29,4	4,9
Ciro Gomes	PDT	R$ 24,229	13,2	12,7
Fernando Haddad	PT	R$ 20,599	11,2	29,8
Marina Silva	REDE	R$ 8,200	4,5	1,0
Guilherme Boulos	PSOL	R$ 6,224	3,4	0,6
Álvaro Dias	PODE	R$ 5,439	3,0	0,8
João Amoedo	NOVO	R$ 4,724	2,6	2,6
Jair Bolsonaro	PSL	R$ 1,238	0,7	45,0
José Eymael	DC	R$ 0,858	0,5	0,0
Vera Lúcia	PSTU	R$ 0,578	0,3	0,1
João Goulart Filho	PPL	R$ 0,479	0,3	0,0
Cabo Daciolo	PATRIOTA	R$ 0,011	0,0	1,3

Fonte: Os valores constam das prestações de contas apresentadas pelos candidatos ao TSE.

Além de romper uma tradição de que para ser vitorioso um candidato a presidente deve gastar um grande volume de recursos (sua campanha teve uma receita inimaginável para qualquer candidato que quisesse vencer uma eleição presidencial e foi 87 vezes mais barata que a de Dilma Rousseff em 2014), Bolsonaro quebrou também outra tradição com relação a gastos de campanha presidencial: a de que o eleito é o que mais gasta — o que vinha acontecendo desde 1989, a primeira eleição da redemocratização. Nas eleições de 2010 e 2014, as receitas dos candidatos do PT e PSDB cresceram acentuadamente em relação aos anos anteriores. Pelo PT, Dilma Rousseff gastou R$ 331 milhões em 2010 e R$ 383 milhões em 2014. Pelo PSDB, José Serra gastou R$ 329 milhões em 2010 e Aécio Neves, R$ 262 milhões em 2014.[5] Como vimos, uma das apostas dos dirigentes dos grandes partidos era que os recursos de campanha, agora vindos do novo fundo eleitoral, favoreceriam novamente os candidatos do PT e PSDB.

As pesquisas de opinião e a evolução da campanha

A campanha de 2018 foi a mais curta da história das eleições presidenciais no atual ciclo democrático. No primeiro turno foram apenas 45 dias de campanha oficial e apenas 35 dias de propaganda eleitoral gratuita. Durante esse período reduzido, dois eventos tiveram enorme repercussão no rumo da disputa. O primeiro foi o atentado sofrido por Jair Bolsonaro em Juiz de Fora no dia 6 de setembro, evento que ficaria conhecido como "a facada". Pela primeira vez no Brasil um candidato à presidência sofreu um ato de violência de tal magnitude. Em razão do episódio, Bolsonaro passou o primeiro turno praticamente convalescendo, de início em um quarto de hospital (até o dia 29 de setembro) e a seguir em sua casa.

O segundo evento marcante do primeiro turno foi a substituição, em 11 de setembro, do nome de Luiz Inácio Lula da Silva por Fernando Haddad como candidato do PT. Lula estava impedido de concorrer, pois havia sido condenado em segunda instância e estava preso. Inicialmente, o PT, tendo entrado com recurso judicial, inscreveu-o como candidato à presidência, no dia 15 de agosto, tendo Haddad como vice. No dia 1º de setembro, o Tribunal Superior Eleitoral (TSE) negou o registro da candidatura de Lula e deu dez dias para seu nome ser substituído. Portanto, por quase um mês, o nome do ex-presidente constou como candidato a presidente da propaganda do PT.

Tradicionalmente nas eleições brasileiras, os candidatos se tornam amplamente conhecidos do eleitorado somente após o começo da propaganda eleitoral veiculada no rádio e na televisão. No caso de um nome já ser familiar, a propaganda serve como um instrumento decisivo para que os eleitores saibam que ele está concorrendo. Em 2018, o segundo turno das eleições presidenciais trouxe candidatos menos conhecidos do que em pleitos anteriores, mas eles tinham desafios diferentes.

Haddad teria menos de um mês de campanha para se fazer conhecido, sobretudo pelos eleitores de Lula. Bolsonaro estava em campanha desde 2015 — usando amplamente as redes sociais, participando de programas de televisão e visitando cidades pelo Brasil —, mas mesmo assim também ainda não era familiar para um segmento expressivo do eleitorado. Seu desafio era chegar aos eleitores menos expostos às redes sociais, sobretudo os moradores das pequenas cidades. Pesquisa do Datafolha realizada poucos dias após o começo oficial da campanha mostrava que mais da metade dos eleitores não conheciam, ou somente tinham ouvido falar, os nomes de Jair Bolsonaro e Fernando Haddad.[6]

Para mostrar a evolução dos candidatos ao longo do primeiro turno, agreguei os resultados das pesquisas realizadas pelos dois maiores institutos de pesquisa de opinião do país, Ibope e Datafolha, que realizaram diversas sondagens ao longo da campanha. Nas pesquisas feitas em agosto e início de setembro, os institutos sempre apresentavam dois cenários para avaliar as intenções de voto: um tendo Lula como candidato, outro mostrando o nome de Haddad; a série mostrada no Gráfico 1 considera apenas a evolução no cenário com o nome de Haddad.

O Gráfico 1 apresenta o desempenho dos quatro principais nomes da disputa presidencial no primeiro turno: Jair Bolsonaro, Fernando Haddad, Ciro Gomes e Geraldo Alckmin. Cada círculo mostra a preferência por um candidato em um determinado dia (são esses os resultados que aparecem na divulgação das pesquisas). Os círculos foram ajustados por intermédio de uma linha estatística que ajuda a captar a tendência geral dos dados. O último ponto mostra o resultado final das eleições.[7]

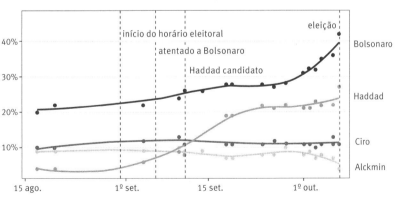

GRÁFICO 1. Evolução da intenção de voto para presidente nas pesquisas do Ibope e Datafolha, primeiro turno (2018)

Os círculos mostram a intenção de voto nos quatro candidatos mais bem colocados nas pesquisas, sendo o último círculo o resultado final das urnas. A linha (loess) é usada para ajustar os dados e mostrar a tendência de evolução dos candidatos. O total foi calculado sobre as preferências totais; votos brancos, nulos e indecisos não são mostrados.

Haddad conseguiu um dos feitos mais impressionantes da história das eleições presidenciais no Brasil. Em apenas quinze dias, ele saiu de cerca de 5% para a faixa de 20% das preferências, tornando-se um dos concorrentes com maiores chances de ir para o segundo turno. A velocidade da transferência para Haddad dos votos de eleitores que inicialmente pretendiam votar em Lula empolgou a direção do PT. Dirigentes do partido e militantes imaginaram que, com mais alguns dias de campanha, Haddad ultrapassaria Bolsonaro e acabaria chegando na primeira posição. O Gráfico 1 mostra, porém, que Haddad oscilou por duas semanas na faixa de 20%. Nas urnas, ele acabou chegando a 27% do voto total, incluindo brancos e nulos, um resultado melhor do que a última pesquisa publicada antes do pleito (Datafolha, 5 de outubro) apontava: 22%, com margem de erro de dois pontos percentuais.

Bolsonaro sempre liderou as pesquisas no cenário em que Lula não era apresentado como o candidato do PT. Nessa perspectiva, podemos dizer que a campanha de Bolsonaro manteve dois padrões verificados nas eleições presidenciais brasileiras desde a redemocratização: 1) o nome que está na liderança no começo do horário eleitoral gratuito vence as eleições; 2) o candidato que passa para o segundo turno em primeiro lugar vence as eleições.

Bolsonaro já tinha cerca de 20% de preferências no começo da campanha. Ele cresceu ao longo de setembro e chegou ao fim do mês com cerca de 30%. Virou uma espécie de "clichê" da interpretação dos resultados de 2018 apontar o atentado sofrido por Bolsonaro como o principal fator para explicar sua ascensão ao longo do mês de setembro. A cadeia de ra-

As regras e a evolução da campanha eleitoral 31

ciocínio é simples: o atentado produziu uma cobertura maior da mídia, que por sua vez aumentou o número de apoiadores do candidato.

Utilizando apenas os resultados das pesquisas do Datafolha e do Ibope não temos elementos para avaliar qual teria sido o efeito do atentado em Juiz de Fora sobre esse crescimento da candidatura de Bolsonaro. Os institutos que fazem pesquisas de opinião telefônica diariamente têm como captar melhor esse efeito. Infelizmente, os bancos de dados de tais sondagens não são disponibilizados para posterior análise. Mas os analistas do instituto Ideia Big Data, empresa que fez pesquisas diárias por telefone ao longo da campanha de 2018, sugerem que Bolsonaro teria crescido após o atentado, embora ele já estivesse em ascensão.[8] Nunca conseguiremos responder à pergunta predileta a respeito dos resultados das eleições de 2018: será que Bolsonaro ganharia sem o atentado?

Embora não seja possível demonstrar que o atentado tenha sido o fator determinante para o crescimento de Bolsonaro nas pesquisas, podemos especular quanto aos seus efeitos sobre a dinâmica da campanha. Uma hipótese plausível é que "a facada" foi decisiva para torná-lo conhecido em âmbito nacional. A cobertura diária feita pelos principais canais de rádio e televisão durante os 24 dias em que Bolsonaro esteve internado em hospitais teria servido para compensar sua quase ausência do horário eleitoral e o não comparecimento aos debates e às tradicionais sabatinas feitas pelos meios de comunicação.

O atentado tornou o candidato do PSL conhecido em uma velocidade mais rápida e numa amplitude muito maior do que ele teria conseguido caso usasse somente as redes sociais e os debates no rádio e na televisão. Isso, no entanto, não explica o sucesso de Bolsonaro: ser conhecido é condição necessária, mas não é condição suficiente para se ser votado. No fim da campanha de 2018, Henrique Meirelles e Marina Silva eram amplamente conhecidos pelo eleitorado, mas tiveram 1% dos votos.

Outro possível efeito da facada é que, convalescente em um quarto de hospital e em sua casa, Bolsonaro expôs-se menos às críticas e à propaganda negativa dos adversários.[9] Sem participar dos confrontos diretos com outros candidatos nos debates e com as perguntas dos entrevistadores dos programas de televisão e rádio, ele se resguardou como nenhum outro candidato a presidente havia conseguido. Suas aparições se limitaram a dois debates e uma sabatina ainda no mês de agosto.[10]

O crescimento mais acentuado de Bolsonaro ocorreu nos últimos dez dias de campanha, quando ele saiu da faixa de 30% para 40%; e nas urnas ele também chegou a um patamar mais alto que o apontado na última pesquisa antes da votação (Datafolha de 5 de outubro, que estimava 36%, com uma margem de erro de dois pontos percentuais). Uma hipótese é que muitos eleitores do PSDB tenham abandonado Alckmin — cuja campanha já havia dado sinais claros de que não cresceria — e passado a apoiar Bolsonaro. O candidato do PSDB, que ao longo da campanha oscilou próximo aos 10%, caiu nos últimos dias antes do pleito, simultaneamente à subida de Bolsonaro.

Existem muitos relatos de mobilização pró-Bolsonaro nas ruas de diversas cidades nos últimos dias de campanha do primeiro turno. Eu próprio testemunhei, na véspera do primeiro turno, centenas de pessoas nas ruas de Nova Friburgo, minha cidade natal, usando camisas com o rosto dele,

As regras e a evolução da campanha eleitoral

agitando bandeiras e buzinando os carros, num formato de mobilização mais espontânea e menos organizada do que eu estava acostumado a ver. Minha sugestão, porém, é que somente a velocidade de propagação de informação via redes sociais (particularmente o WhatsApp) pode explicar o crescimento final do candidato do PSL e de seus apoiadores. Voltarei ao tema no capítulo 7.

Bolsonaro chegou ao fim do primeiro turno com ampla vantagem: ele recebeu 42% da votação total (contando brancos e nulos) e 46% dos votos válidos, enquanto Haddad obteve 27% do voto total e 29% dos votos válidos. Nos dias que se seguiram, os prognósticos sobre o resultado do segundo turno podiam ser resumidos em duas perguntas: qual será a diferença a favor de Bolsonaro? Será que ele superará o desempenho de Lula em 2002? (Nesse ano, o petista recebeu 61,3% dos votos válidos, a maior votação já obtida por um candidato a presidente no Brasil.)

Em razão da grande vantagem confirmada nas primeiras pesquisas do segundo turno (Gráfico 2), Bolsonaro manteve a mesma estratégia adotada no último mês de campanha do primeiro turno: priorizou a difusão de mensagens nas redes sociais, não participou de eventos públicos e nem compareceu aos tradicionais debates promovidos pelos principais meios de comunicação do país. A diferença foi que sua campanha chegou ao rádio e à televisão, já que no segundo turno o tempo de propaganda dos dois candidatos é igual: dois programas de cinco minutos por dia no horário político em rede e 375 inserções de trinta segundos para serem difundidas ao longo da programação dos canais de rádio e televisão.

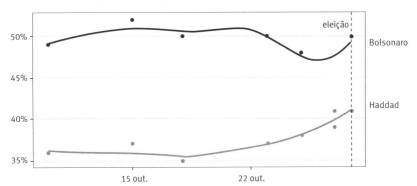

GRÁFICO 2. Evolução da intenção de voto para presidente nas pesquisas do Ibope e Datafolha, segundo turno (2018)

Os círculos mostram a intenção de voto nos candidatos nas pesquisas, sendo o último círculo o resultado final das urnas. A linha (loess) é usada para ajustar os dados e mostrar a tendência de evolução dos candidatos. O total foi calculado sobre as preferências totais; votos brancos, nulos e indecisos não são mostrados.

Na campanha de Haddad, em contrapartida, nada parecia funcionar. A tentativa de organizar uma frente democrática não deu certo. O petista recebeu apoio crítico do PDT e o candidato do partido, Ciro Gomes, preferiu não declarar seu voto. Fernando Henrique Cardoso e outras lideranças nacionais do PSDB também preferiram não se manifestar. Marina Silva deu seu apoio somente quinze dias depois do primeiro turno. Em meados de outubro circularam notícias de que até mesmo os dirigentes do PT não acreditavam na sorte de seu candidato e temiam uma derrota humilhante.

A estratégia do PSL no segundo turno lembrou a dos times de futebol que, vencendo uma partida por larga vantagem, "jogam contra o relógio", como se diz na gíria esportiva. Deixam o tempo passar, trocam passes para o lado até que o juiz apite o fim do jogo. Da perspectiva dos dirigentes da campanha do PT

As regras e a evolução da campanha eleitoral

a imagem era oposta: a do time que está sendo derrotado por uma grande diferença e conta os segundos para que o jogo acabe. A incapacidade de Haddad e do PT de ampliarem o seu arco de alianças foi relativamente compensada por um movimento de apoio, que foi batizado de "vira voto", cultivado nas redes sociais e que contou com atividades de rua em diversas cidades do país na última semana antes do pleito. Esse movimento final em apoio ao candidato do PT é provavelmente o principal fator para que sua derrota não tenha sido por margem tão acentuada como a que se desenhava no começo do segundo turno. A comparação dos votos dos dois turnos, incluindo os votos nulos e em branco no cálculo, mostra que Haddad acabou crescendo mais (passou de 27% para 41% dos votos totais) do que Bolsonaro (passou de 42% para 50%). Em votos válidos, Bolsonaro ganhou por 55% a 45%.

As novas regras eleitorais (período mais curto de campanha, concentração de recursos do fundo eleitoral e do tempo de televisão) foram adotadas para proteger os grandes partidos e pareciam reduzir a quase zero a probabilidade de vitória de um candidato que concorresse por uma pequena legenda. A opção de Bolsonaro por agir via redes sociais acabou servindo para contornar duas das limitações de sua campanha no primeiro turno: falta de dinheiro e praticamente nenhum tempo de propaganda política gratuita.

Para concluir, vale reforçar que infelizmente não obtive dados para testar a hipótese importante de que o atentado tenha sido fundamental para difundir o nome de Bolsonaro para além do nicho que o apoiava antes do começo oficial de campanha. Entre o atentado e o dia das eleições passaram-se exatos trinta dias, período em que, como vimos, o candidato falou muito pouco, num silêncio que provavelmente também o ajudou no primeiro turno. Muitos eleitores acabaram votando em um nome que se tornou um fenômeno de opinião, mas sobre o qual eles conheciam muito pouco. Talvez essa seja uma singularidade na história das eleições contemporâneas: um chefe de Executivo ser eleito sem que grande parte dos eleitores tenha conhecido minimamente as suas ideias.[11]

2. A escolaridade

NA DÉCADA DE 1980 era muito comum, na cidade do Rio de Janeiro, que militantes partidários e pessoas interessadas na política abrissem as suas casas para amigos e conhecidos para discutir a conjuntura. As reuniões eram feitas em geral à noite, e aconteciam com mais frequência em anos eleitorais. Numa dessas reuniões em que eu estive presente, em 1986, o convidado especial era o então presidente do PT, Luiz Inácio Lula da Silva. Ele contou uma pequena história e falou uma frase que eu nunca mais esqueceria. A história: ao sair de um evento na cidade de São Paulo, ele passara próximo a um comício de Jânio Quadros (PTB), candidato a prefeito nas eleições de 1985, e ficara surpreso com o perfil dos participantes. Eram, segundo ele, pessoas comuns, alguns muito pobres, e um grande número de negros. Em seguida, Lula falou das características dos militantes do PT: majoritariamente brancos, jovens, profissionais de classe média e trabalhadores do setor formal. Sua frase final foi a seguinte: "Eu sonho em ver pessoas como as que vi no comício do Jânio frequentando as atividades do PT".

Lula não foi o candidato mais votado entre os eleitores mais pobres e menos escolarizados nas três primeiras eleições (1989, 1994 e 1998) em que concorreu para presidente. Em 1989, Fernando Collor (então PRN) obteve mais votos nesse segmento. O mesmo aconteceria nas eleições seguintes (1994 e 1998), quando

Fernando Henrique foi o preferido. Somente em 2002, quando Lula foi eleito pela primeira vez, o PT passaria a ser o mais votado entre os eleitores de menor escolaridade e renda — o que se repetiria em sua reeleição (2006) e nas vitórias de Dilma Rousseff em 2010 e 2014. Eu não saberia dizer se em algum momento eleitores semelhantes aos dos comícios de Jânio Quadros passaram a frequentar as atividades do PT, mas pelo menos em termos de apoio eleitoral por quatro eleições os candidatos do PT à presidência foram os preferidos dos eleitores de baixa escolaridade e baixa renda. Este capítulo trata da relação entre o nível escolar e o voto para presidente. Escolhi a escolaridade como o atributo para indicar o status socioeconômico dos eleitores e ela será utilizada em outros capítulos em combinação com o gênero, a faixa etária e a religião.

As pesquisas sobre o comportamento político em países democráticos mostram que a educação é um dos principais fatores para o engajamento na atividade política. Nos países em que o voto é facultativo, por exemplo, os indivíduos com maior escolaridade tendem a comparecer mais às urnas que os de menor escolaridade. O mesmo acontece com a participação em associações, que é mais intensa entre os eleitores de alta escolaridade. É interessante observar que em nações com uma longa tradição de estudos eleitorais (Inglaterra e Estados Unidos) a comparação é feita sobretudo entre eleitores que acabaram o ensino médio (baixa escolaridade) e os que completaram o ensino superior (alta escolaridade). Esse efeito é explicado pela teoria da educação cívica: a educação proporciona o desenvolvimento de habilidades que capacitam o cidadão a participar da política.[1]

A escolaridade

Em muitos países, como a Inglaterra, a Suécia e a Áustria, nas eleições realizadas entre as décadas de 1950 e 1970, o nível educacional dos eleitores tendia a seguir a clivagem de classes. Trabalhadores manuais e de menor escolaridade preferiam votar em partidos de esquerda, enquanto trabalhadores não manuais e com maior escolaridade votavam majoritariamente em partidos de centro-direita.[2] Os resultados de duas eleições recentes em dois países revelam que esse padrão já não se verifica. No pleito de 2014 para presidente dos Estados Unidos, por exemplo, Hillary Clinton venceu entre os eleitores com curso superior e pós-graduação, mas Donald Trump venceu entre os eleitores que somente acabaram o ensino médio (o que é considerado baixa escolaridade no país).[3] Nas eleições para o Parlamento do Reino Unido em 2019, o Partido Trabalhista venceu entre os eleitores com maior escolaridade, mas entre os de menor escolaridade o Partido Conservador ganhou por larga margem.[4]

A escolaridade do eleitorado brasileiro

O perfil escolar do eleitorado brasileiro é marcado por duas características. A primeira é o grande contingente de baixa escolaridade: são cidadãos analfabetos, cidadãos que sabem apenas ler e escrever ou que passaram poucos anos na escola, sem completar o ensino fundamental.[5] Entre eles há uma clara segmentação etária, com maior proporção na faixa com mais de sessenta anos; são pessoas que cresceram em um período em que o acesso à escola era muito mais limitado no país.[6]

A segunda característica é que ele tem se tornado cada vez mais escolarizado. Isto se deve ao alistamento eleitoral de jovens com um nível de escolaridade mais alto (em geral, com o fundamental completo ou cursando o ensino médio) que o de gerações anteriores. São jovens que se beneficiaram da universalização do acesso das crianças à escola a partir dos anos 1990. No outro extremo, há um declínio do número de eleitores analfabetos ou que cursaram apenas as primeiras séries do ensino fundamental. Como os eleitores menos escolarizados estão concentrados entre os cidadãos mais velhos, há uma tendência de que eles saiam paulatinamente do cadastro eleitoral, seja por morte ou porque simplesmente deixaram de comparecer (o voto é facultativo a partir dos setenta anos). Dados de 2018 da Pesquisa Nacional por Amostra Domiciliar (PNAD) mostram que 71% da população com mais de 65 anos era analfabeta ou tinha apenas o primário completo. Em contraste, apenas 17% dos que tinham entre 25 e 34 anos estavam nesse segmento.[7]

O TSE publica sistematicamente informações sobre a distribuição escolar do eleitorado brasileiro. Os dados, porém, tendem a subestimar a escolaridade, pois a que consta do cadastro é a declarada pela pessoa no momento em que ela se inscreve como eleitora pela primeira vez, com dezesseis, dezessete ou dezoito anos. Um jovem que está no ensino médio e tira o título de eleitor será contabilizado como pertencendo à categoria de ensino médio incompleto. Assim, os eleitores com curso médio completo e superior acabam subestimados no cadastro eleitoral.

Segundo o censo de 2010 havia 7,9% de adultos com curso superior no país; já no cadastro de eleitores do TSE havia apenas 3,8%. O recadastramento biométrico dos eleitores, que começou a ser ampliado em 2017, permitiu que cidadãos de muitas cidades atualizassem a informação sobre o seu nível escolar, e por essa razão os dados do TSE de 2018 são muito mais fiéis à real escolaridade do eleitorado brasileiro. De qualquer modo, vale a pena observar as mudanças ao longo do tempo, sobretudo em relação aos eleitores com menor escolaridade.

A comparação do eleitorado em dois momentos (2002 e 2018) revela uma mudança profunda em sua composição em menos de duas décadas (Gráfico 3). O percentual de analfabetos caiu de 7% para 4%, o contingente dos que sabem apenas ler e escrever passou de 20% para 9% e o dos que não completaram o ensino fundamental teve uma queda expressiva (de 36% para 26%). Quando Lula foi eleito presidente pela primeira vez, em 2002, 63% do eleitorado não havia terminado o ensino fundamental. Dezesseis anos depois, quando Bolsonaro conquistou a presidência, esse número caíra para 39%. É possível também

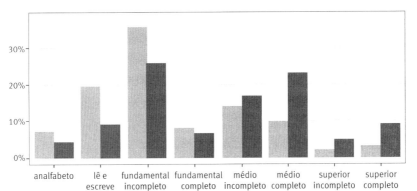

GRÁFICO 3. Eleitores por escolaridade nas eleições presidenciais (2002 e 2018)

O gráfico mostra o percentual de eleitores brasileiros dos oito níveis educacionais definidos pelo TSE, considerando o eleitorado inscrito nos meses de outubro de cada um dos anos. Os dados brutos foram obtidos junto ao TSE.

observar um crescimento de eleitores que completaram o ensino médio (subiu de 10% para 23%).

Escolaridade e voto para presidente

Para analisar a relação entre escolaridade e voto utilizo os dados do Estudo Eleitoral Brasileiro (Eseb), uma pesquisa acadêmica, que é realizada desde 2002 em anos de eleições gerais e tem como intuito conhecer as opiniões e atitudes dos brasileiros em uma série de temas.[8] Para este livro, agreguei os diversos níveis educacionais dos respondentes em três: fundamental, médio e superior. O primeiro inclui os analfabetos, os que sabem apenas ler e escrever, os que passaram poucos anos na escola e os que concluíram os oito anos (hoje nove) do ensino fundamental. O segundo segmento agrega os que estão cursando, os que abandonaram e os que completaram o ensino médio. O último inclui os que estão cursando, os que abandonaram e os que completaram o curso superior.

O Gráfico 4 mostra o percentual de votos de cada candidato no segundo turno das eleições presidenciais de 2010, 2014 e 2018, segmentado pela escolaridade.[9] As barras claras mostram o percentual de votos dos candidatos que concorriam pelo PT (Dilma Rousseff em 2010 e 2014 e Fernando Haddad em 2018), as barras escuras apresentam o percentual dos que se candidataram pelo PSDB (José Serra em 2010 e Aécio Neves em 2014) e pelo PSL (Jair Bolsonaro em 2018).

Embora seja pouco usual, esse tipo de gráfico não é difícil de ser interpretado e será usado muitas vezes ao longo do livro. As barras mostram o percentual estimado de voto para um candidato; as linhas verticais na parte superior de cada barra são as margens de erro.[10] Para entender o gráfico é fundamental estar atento à altura das barras e também ao comprimento das linhas da margem de erro. Por exemplo: em 2010, na faixa de ensino superior as barras parecem indicar que a preferência pelo candidato do PT é maior, mas se levarmos em conta as linhas da margem de erro observamos um empate entre os candidatos.

Quem olhar com calma o Gráfico 4 deve se perguntar: se ao divulgar as pesquisas de opinião na televisão os locutores

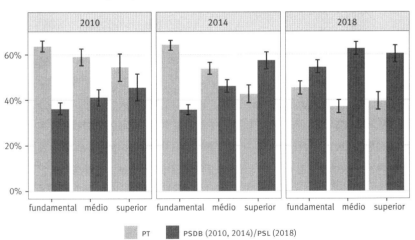

GRÁFICO 4. Relação entre escolaridade e voto para presidente, segundo turno (2010-2018)

O gráfico mostra o percentual de votos para presidente (barras) e as margens de erro (linhas verticais na parte superior das barras), segundo a escolaridade, estando os níveis educacionais agrupados da seguinte maneira: "fundamental" abarca desde analfabetos até respondentes com o ensino fundamental completo, "médio" abarca respondentes com o ensino médio completo ou incompleto e "superior" abarca respondentes com o ensino superior completo ou incompleto. As fontes de dados brutos são as pesquisas do Eseb realizadas em 2010, 2014 e 2018.

falam que uma pesquisa tem uma margem de erro de dois pontos percentuais (para mais ou para menos), por que essas barras aparecem de tamanhos diferentes? Na realidade, os números divulgados pelos meios de comunicação são os da margem de erro para toda a amostra e não para um candidato em particular. Numa mesma pesquisa as margens de erro variam segundo o tamanho do segmento analisado. Por exemplo, em uma sondagem com mil entrevistas a margem de erro é de cerca de três pontos percentuais, mas quando analisamos apenas um segmento (os eleitores com curso superior, digamos) o número de casos passa para duzentas entrevistas, o que produz uma margem de erro muito maior (cerca de sete pontos percentuais). Por isso, as margens de erro não são fixas para todos os percentuais de preferência: a de um candidato que tem 5% de preferência é diferente da observada para um que tem 45%.[11]

O que mais chama a atenção no Gráfico 4 é a vitória de Bolsonaro em todas as três faixas de escolaridade. Comparativamente ao desempenho de Aécio em 2014, o candidato do PSL cresceu significativamente nos segmentos de ensino fundamental e médio. Já entre os eleitores de ensino superior o patamar de votos de Bolsonaro é semelhante ao do PSDB em 2014. Em contraste, o PT sofreu uma forte queda entre os eleitores de baixa e média escolaridade (cerca de vinte pontos percentuais em cada segmento), embora a diferença pró-Bolsonaro seja expressiva apenas no grupo de escolaridade média.

A escolaridade e o maior problema do país

Qual é o problema mais grave que o Brasil está enfrentando? A pergunta foi feita em uma pesquisa de opinião realizada pelo Latin American Public Opinion Project (Lapop) em todo o território nacional no primeiro trimestre de 2019 e pode nos oferecer algumas pistas da relação entre escolaridade e voto para presidente em 2018.[12]

Ainda que a enquete tenha sido feita após as eleições, ela mostra um quadro de quais temas apareciam como preocupações dos eleitores brasileiros logo após o pleito. Quatro problemas foram apontados com mais frequência: desemprego (18%), segurança (18%), corrupção (17%) e saúde (16%); a soma de todas as outras respostas chega a 31%. Dois desses problemas — segurança e corrupção — acabaram mobilizados como temas centrais da campanha do candidato do PSL.

O tema da segurança acompanha a carreira parlamentar de Bolsonaro. Nesse quesito, a sua reputação adviria menos de apresentação de um plano nacional de combate à violência e mais de sua tradicional defesa do recrudescimento da política de segurança, com medidas que incluiriam: a redução da maioridade penal, a adoção de pena de morte contra todos os crimes premeditados que tenham gerado morte, o tratamento severo contra presidiários (ele defende que se atire contra amotinados nas prisões) e o fim do Estatuto do Desarmamento. Ao falar dessas questões, Bolsonaro utiliza linguagem semelhante à de alguns apresentadores de programas de rádio e televisão: chama os criminosos de bandidos, relembra crimes bárbaros cujos perpetradores deveriam já "ter sido exterminados" e critica a política de direitos humanos, repetindo a frase clichê sobre o assunto "Direitos humanos são para os humanos direitos".

Quanto à corrupção, passou a ser um tema central da política brasileira, sobretudo devido à operação Lava Jato, que, embora tenha começado em março de 2014, promoveu ações de maior repercussão entre 2015 e 2018. As investigações atingiram lideranças de diversos partidos, particularmente o PT, o MDB e o PSDB. O PT teve vários de seus dirigentes presos e investigados, entre eles o ex-presidente Lula. Os principais dirigentes do MDB tinham foro privilegiado (eram senadores e deputados), mas o que se viu na maior seção do partido, a do Rio de Janeiro, com a prisão de Sérgio Cabral, Eduardo Cunha e Jorge Picciani foi suficiente para fazer um estrago sem precedentes na imagem da legenda. Várias lideranças do PSDB investigadas também se beneficiaram do foro privilegiado, mas a revelação das conversas de Aécio Neves com o empresário Joesley Batista amplificou muito a rejeição ao partido.

A conexão entre os resultados da Lava Jato e a vitória de Bolsonaro é apresentada no discurso corrente de maneira relativamente simples: 1) a Lava Jato investigou, denunciou e prendeu parte expressiva da elite política brasileira; 2) a corrupção passou a ser vista como algo endêmico, aumentando a rejeição aos partidos tradicionais; 3) os eleitores buscaram uma alternativa de um político que não estivesse envolvido em nenhuma das denúncias dos últimos anos e ao mesmo tempo expressasse uma quebra com o padrão de ação da elite política tradicional; 4) entre os nomes apresentados em 2018, o único que preenchia esses critérios era Bolsonaro. Nesse caso, pouco importava o fato de ele ter sido deputado federal por 28 anos, ter trocado muitas vezes de legenda e ter sido um parlamentar medíocre.

Existe uma diferença entre definir um problema como relevante e fazer uma escolha por um determinado candidato por

A escolaridade

causa desse problema. Um eleitor pode, por exemplo, considerar a saúde o tema mais importante mas votar em um determinado candidato por conta de seu carisma. De qualquer modo, vale a pena explorar se existe uma associação entre a identificação de um determinado problema e o voto para presidente.

Antes, porém, vejamos que problema cada faixa de escolaridade aponta como o mais relevante do Brasil (Gráfico 5). É interessante observar que a segurança foi citada com igual frequência pelos respondentes das três faixas. O desemprego é um tema fundamental para eleitores de ensino fundamental

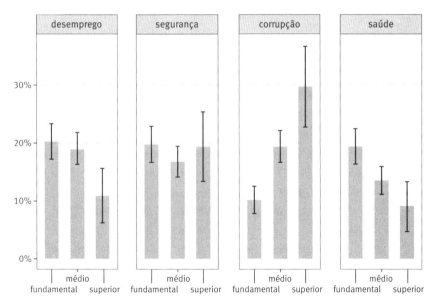

GRÁFICO 5. Relação entre escolaridade e opinião sobre qual o maior problema do Brasil

O gráfico mostra o percentual (barras) e as margens de erro (linhas verticais na parte superior da barra) de ocorrência de cada um dos problemas nas respostas dadas pelos entrevistados, segmentados por escolaridade. Os dados brutos são da pesquisa realizada pelo Lapop no primeiro trimestre de 2019.

e médio, a saúde aparece como tema central para eleitores de baixa escolaridade e, por fim, a corrupção é considerada o principal problema para eleitores de educação superior.

Agora que sabemos com que frequência os problemas foram assinalados pelos eleitores de cada faixa educacional, vejamos a relação dessas respostas com o voto para presidente. O Gráfico 6 mostra a preferência por Haddad ou Bolsonaro no primeiro turno (a pesquisa do Lapop não perguntou em quem os eleitores votaram no segundo turno); a votação dos outros candidatos não é apresentada no gráfico. Em todas as faixas educacionais, os eleitores que consideram a corrupção como o principal problema votaram expressivamente em Bolsonaro. A segurança também divide os eleitores, particularmente os de ensino médio. É interessante observar que Bolsonaro também tem vantagem sobre Haddad entre os respondentes de baixa e média escolaridade que consideram o desemprego como o principal problema. No trimestre de agosto a outubro a taxa de desemprego chegou a 11,7%, com cerca de 12,3 milhões de desempregados, com taxas muito mais altas nas regiões metropolitanas.[13]

Os efeitos da crise econômica de 2015 e 2016 foram bem pouco discutidos pelos candidatos a presidente, talvez devido à ausência de um candidato governista competitivo. Outro fator é que nas eleições de 2006, 2010 e 2014 os candidatos do PT podiam dizer que tinha havido uma redução do número de desempregados durante a era petista — discurso que perdeu força, pois quando Dilma foi afastada do cargo, em abril de 2016, o quadro econômico mostrava uma clara piora, com o país em plena recessão, com um aumento da taxa de inflação e crescimento do desemprego.[14]

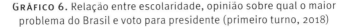

GRÁFICO 6. Relação entre escolaridade, opinião sobre qual o maior problema do Brasil e voto para presidente (primeiro turno, 2018)

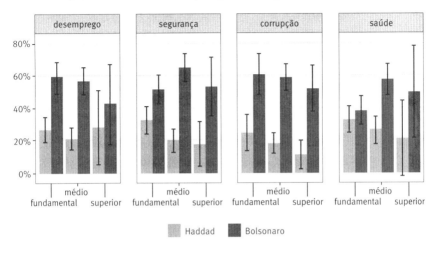

O gráfico mostra o percentual de votos para presidente (barras) e as margens de erro (linhas verticais na parte superior das barras), segundo escolaridade combinada com a opinião dos eleitores sobre qual o maior problema do país. Os dados brutos são da pesquisa realizada pelo Lapop no primeiro trimestre de 2019.

Não foi possível avançar nas razões que levaram uma parte do eleitorado a abandonar o PT e votar em Bolsonaro (o que vimos no Gráfico 4). Mas temos algumas pistas a partir da identificação da relação entre o voto e os problemas apontados como os principais do país. Entre os eleitores de escolaridade fundamental, antes um reduto fortíssimo do PT, os que consideram a corrupção e o desemprego como temas centrais votaram maciçamente em Bolsonaro no primeiro turno de 2018. E ele recebeu apoio expressivo também dos eleitores de escolaridade média (outro ex-nicho petista), independentemente do problema que eles tenham apontado como o principal do país.

A escolaridade e as regiões do país

Ao longo do livro combinarei diferentes características dos eleitores para montar um painel o mais amplo possível das bases sociais do voto para presidente em 2018. Comecei observando o efeito da escolaridade, e agora o avalio segundo a região de moradia do eleitor. Será que a vitória de Bolsonaro entre os eleitores de ensino médio e superior acontece em todas as regiões do país? Será que o quadro de maior equilíbrio na votação dos dois candidatos na faixa de baixa escolaridade se verifica em todas as regiões?

A segmentação da escolaridade por região, mostrada no Gráfico 7, revela um dado interessante: Bolsonaro recebeu um apoio expressivo dos eleitores menos escolarizados das regiões Sudeste, Sul e Norte/Centro-Oeste (agreguei as duas regiões em razão do número de casos), mas perdeu por larga margem no Nordeste. O mesmo aconteceu entre os eleitores de ensino médio, embora nesse segmento a vantagem de Haddad no Nordeste tenha sido menor.

O Nordeste se transformou no principal reduto do PT nos quatro anos (2002, 2006, 2010 e 2014) em que o partido venceu as eleições presidenciais. O mesmo aconteceria nos dois turnos em 2018, com a vitória de Fernando Haddad. O bom desempenho do partido na região se deveu, sobretudo, à grande votação obtida entre os eleitores de baixa escolaridade, que compõem parte expressiva do eleitorado: 48% dos inscritos para votar no Nordeste em 2018 não haviam concluído o ensino fundamental; em contraste, no Sudeste o percentual de eleitores nessa faixa era 35%. Volto ao assunto no capítulo 8, que analisa a votação dos candidatos por região.

A escolaridade

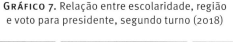

GRÁFICO 7. Relação entre escolaridade, região e voto para presidente, segundo turno (2018)

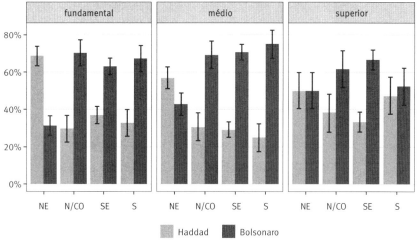

O gráfico mostra o percentual de votos para presidente (barras) e as margens de erro (linhas verticais na parte superior das barras), segundo a escolaridade e a região. As regiões Norte e Centro-Oeste foram agregadas. As fontes de dados brutos são as pesquisas do Eseb realizadas em 2018.

Em 2018, o PT perdeu entre os eleitores de ensino fundamental e médio pela primeira vez desde a vitória de Lula em 2002. Vale a pena relembrar que, quando nos referimos a essas faixas educacionais, estamos falando de grupos que passaram por profundas mudanças recentes. Em 2002, 71% do eleitorado era composto por pessoas que tinham até o ensino fundamental completo, com muitos eleitores analfabetos ou que apenas sabiam ler e escrever (como vimos no Gráfico 3); dezesseis anos depois, esse segmento representava somente 46% do eleitorado. Ou seja, dois processos afetaram a votação nacional do PT: um tem a ver com o comportamento do eleitor (declínio da preferência entre os menos escolarizados), o outro está associado à redução da proporção do eleitorado de baixa escolaridade.

Bolsonaro teve uma alta votação nas faixas de escolaridade média e superior. Mas a primeira foi a mais importante, já que o eleitorado de nível educacional médio — o que mais tem crescido em termos relativos — representava 40% do eleitorado total (Gráfico 3). Considerando que tal crescimento se deveu em boa medida às políticas públicas de ampliação do acesso escolar implementadas pelo PT, não deixa de ser uma certa ironia que esse segmento tenha votado expressivamente em Bolsonaro em 2018. Entre 2002 e 2014 os candidatos do PT à presidência foram os mais votados entre os eleitores de menor escolaridade, e simultaneamente o partido conseguia vencer no segmento de escolaridade média — concretizando o sonho do ex-presidente Lula revelado naquela reunião de meados dos anos 1980. Uma das mudanças mais profundas de 2018 é a vitória de um candidato de direita sobre o PT entre os eleitores de baixa e média escolaridade. Isso não acontecia desde a vitória de Fernando Henrique Cardoso em 1998.

3. Gênero

A PARTIR DE 2015, o deputado federal Jair Bolsonaro passou a percorrer o Brasil como pré-candidato à presidência. Segundo levantamento do jornal *Gazeta do Povo*, Bolsonaro realizou 139 viagens aéreas, por todas as regiões do país, entre 2015 e 2018.[1] Em algumas cidades, ele era recebido no aeroporto por centenas de apoiadores. Essas manifestações chamavam a atenção por um aspecto em particular: eram frequentadas basicamente por homens. Nos diversos vídeos que circularam na internet, podemos ver militantes entusiasmados repetindo palavras de ordem, chamando o deputado de "mito" e cantando o hino nacional. Nas fotos e vídeos da manifestação, já em campanha oficial, de Juiz de Fora em que Bolsonaro foi vítima de um atentado, o quadro se repete: vemos poucas mulheres em meio ao público e o candidato do PSL é carregado nos ombros por homens.

Essa é uma característica marcante da candidatura de Bolsonaro, e que aparece já nas primeiras pesquisas de opinião em que o seu nome é apresentado ao eleitor como candidato a presidente: ele tem um apoio muito maior entre os homens do que entre as mulheres. Na pesquisa divulgada pelo Ibope em 16 de agosto de 2018 — a primeira a ser realizada quando a campanha já tinha oficialmente começado —, Bolsonaro tinha 26% de apoio entre os homens e apenas 13% entre as mulheres.

Esse apoio expressivo do eleitorado masculino provavelmente também deve ter ocorrido nas sete vezes em que Bolsonaro foi eleito deputado federal. Durante a sua vida parlamentar, ele foi sobretudo um representante dos interesses dos militares, corporação predominantemente masculina; e seus temas favoritos (flexibilização dos critérios para a posse de armas, uso de políticas duras no combate ao crime organizado e crítica à política de direitos humanos) têm maior acolhida pelo público masculino. Minha suspeita é que as mensagens difundidas por Bolsonaro e por seus apoiadores nas redes sociais entre 2015 e 2017 circulavam sobretudo entre o público masculino.

Bolsonaro fez, ao longo de sua carreira parlamentar, diversas declarações e se envolveu em episódios que mostraram atitudes machistas e misóginas, e que contribuíram para uma maior rejeição de seu nome junto ao eleitorado feminino. Ele atribuiu a uma "fraquejada" o fato de, após quatro filhos, ter tido uma filha. Ele foi o único deputado a votar contra a emenda constitucional de 2013 que ampliou os direitos trabalhistas para as trabalhadoras domésticas (categoria majoritariamente feminina). Em um episódio ocorrido na Câmara dos Deputados em 2003, ele empurra a deputada Maria do Rosário (PT-RS) e diz a seguinte frase: "Jamais iria estuprar você, porque você não merece".[2] Muitos desses episódios foram difundidos por seus adversários durante a campanha de 2018. Mas como o eleitorado feminino efetivamente agiu nas urnas em relação ao candidato do PSL?

Um eleitorado cada vez mais feminino e o "Ele Não"

O número de mulheres registradas como eleitoras supera, desde as eleições de 2002, o de homens no Brasil. Em 2018, o

Gênero

eleitorado era composto por 77,3 milhões de mulheres (52,5% do total) e 69,9 milhões de homens. No capítulo anterior, vimos que o eleitorado brasileiro tem se tornado cada vez mais escolarizado. O Gráfico 8 mostra uma outra mudança importante: as mulheres são maioria nos três estratos de escolaridade mais alta (médio completo, superior incompleto e superior completo), somando 31,2 milhões nesses segmentos, enquanto os homens somam 23,4 milhões; na outra ponta do espectro, as mulheres estão em maior número também entre os analfabetos. Essa mudança no perfil do eleitorado reflete uma característica da expansão do ensino fundamental e médio no Brasil nas duas últimas décadas: as meninas têm melhor desempenho escolar e uma menor taxa de evasão escolar do que os meninos.[3]

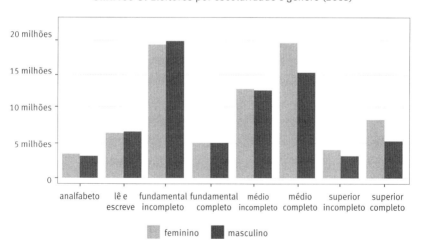

GRÁFICO 8. Eleitores por escolaridade e gênero (2018)

O gráfico mostra o número total de eleitores brasileiros, por gênero, em cada um dos oito níveis educacionais definidos pelo TSE, considerando o eleitorado inscrito no mês de outubro de 2018. Os dados brutos foram obtidos junto ao site do TSE.

A rejeição prévia ao nome de Bolsonaro em um segmento do eleitorado feminino, aliada às dificuldades de conquistar apoio das mulheres nas duas primeiras semanas de campanha oficial, foram um estímulo para o surgimento do movimento "Ele Não". O movimento foi criado pelo grupo Mulheres Unidas Contra Bolsonaro, ativo no Facebook desde 31 de agosto de 2018. O "Ele Não" foi impulsionado pela *hashtag* de mesmo nome e promoveu manifestações contra a candidatura de Bolsonaro em dezenas de cidades do país no dia 29 de setembro, sendo as duas maiores em São Paulo e no Rio de Janeiro.[4] Pela primeira vez no Brasil, pelo menos desde a redemocratização, pessoas foram às ruas numa campanha eleitoral para protestar *contra* um adversário, e não em apoio ao candidato preferido.

O Grupo de Pesquisa em Políticas Públicas para o Acesso à Informação (GPOPAI) da USP traçou um perfil dos que compareceram à manifestação do "Ele Não" na cidade de São Paulo. A maioria era composta por mulheres (62%), que se autoclassificavam como sendo de esquerda (80%), tinham idade entre 18 e 44 anos (78%) e alta escolaridade (80% estavam cursando a faculdade ou tinham curso superior).[5]

As manifestações do movimento "Ele Não" aconteceram oito dias antes do primeiro turno. É difícil mensurar seus eventuais efeitos na decisão do eleitor. Será que elas serviram para ativar os militantes dos candidatos de oposição, ou terão tido um efeito colateral de mobilizar os apoiadores de Bolsonaro? Uma resposta da campanha do PSL foi divulgar textos e fotos que supostamente indicavam que as manifestantes defendiam a "ideologia de gênero" e ameaçavam a família tradicional.

Como Bolsonaro cresceu nas pesquisas na semana seguinte, a hipótese de que as manifestações do "Ele Não" teriam dado

Gênero

insumos à sua candidatura passou a ser dominante (ou pelo menos é a mais corrente), mas não temos nenhuma evidência de que elas tenham contribuído significativamente para isso. Tanto pelo perfil das manifestantes como pelo teor das respostas das redes sociais pró-Bolsonaro ao evento, os efeitos devem ter servido mais para reforçar a identidade e os valores dos eleitores que já haviam feito suas escolhas (contra ou a favor de Bolsonaro) do que para influenciar maciçamente a definição eleitoral fora do círculo de pessoas mais ativas na política.

Gênero e voto para presidente

De acordo com os dados da pesquisa do Eseb-2018, Bolsonaro recebeu no segundo turno cerca de 53% dos votos das mulheres e 64% dos homens, enquanto Haddad obteve cerca de 47% entre as mulheres e apenas 36% entre os homens (o total é calculado sobre o voto válido).[6] O resultado é mostrado no Gráfico 9, que traz ainda dados das duas eleições anteriores. A discrepância do apoio obtido por Bolsonaro entre eleitores e eleitoras salta aos olhos quando observamos que não houve diferença relevante no apoio aos candidatos do PSDB nas disputas de 2010 e 2014. Para Haddad a assimetria se dá no outro sentido: sua votação é bem melhor entre as mulheres, o que também quebra um padrão de equilíbrio observado quando Dilma foi candidata em 2010 e 2014.

A assimetria nos votos de homens e mulheres é uma singularidade da disputa de 2018. Desde as eleições de 1989 todos os candidatos competitivos à presidência obtiveram níveis de apoio semelhantes entre os dois gêneros. Isso aconteceu

GRÁFICO 9. Relação entre gênero e voto para presidente, segundo turno (2010-2018)

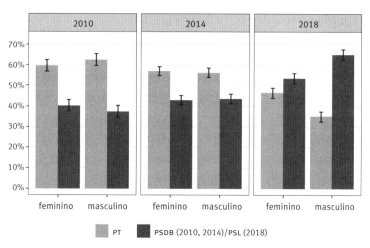

O gráfico mostra o percentual de votos para presidente (barras) obtido por cada concorrente e as margens de erro (linhas verticais na parte superior das barras), segundo o gênero dos eleitores. As fontes de dados brutos são as pesquisas do Eseb realizadas em 2010, 2014 e 2018.

mesmo quando havia mulheres concorrendo. Marina Silva (2010, 2014 e 2018) e Dilma Rousseff (2010 e 2014) tiveram um percentual de apoio similar entre homens e mulheres. Portanto, essa foi uma característica que não diferenciou os eleitores em eleições presidenciais anteriores.

As pesquisas de opinião publicadas na segunda quinzena de agosto indicavam que Bolsonaro tinha um apoio reduzido no eleitorado feminino. Caso mantivesse esse nível, a probabilidade de vencer a eleição seria muito reduzida. Mas, ao longo da campanha, ele conseguiu ampliar seu apoio também entre as mulheres. Na última pesquisa realizada pelo Ibope antes do primeiro turno, e publicada em 6 de outubro, o candidato

Gênero

do PSL contava com cerca de 42% da preferência de homens e 31% das mulheres; embora a discrepância entre os gêneros continuasse, o patamar de votos conquistado entre as mulheres ampliava as chances de sucesso nas urnas. O segundo colocado, Fernando Haddad (PT), tinha o mesmo percentual (22%) entre eleitores e eleitoras.

O que explicaria esse crescimento de Bolsonaro entre as mulheres? Tradicionalmente, nos dias que antecedem as eleições o volume de indecisos é bem maior no eleitorado feminino. A dez dias da eleição, uma pesquisa do Ibope identificou que a taxa de mulheres indecisas e dispostas a anular o voto chegava a 21%, enquanto entre os homens apenas 12% pretendiam fazer o mesmo. Faltando apenas três dias para a eleição, a indecisão e a inclinação para anular o voto caiu para 17% entre as mulheres e para 8% entre os homens (os dados também são de pesquisa Ibope). Uma hipótese é que a onda de opinião pró-Bolsonaro, que cresceu nos dias que antecederam o primeiro turno, tenha chegado às mulheres indecisas. Outro fator a ser considerado é o efeito da mobilização pró-Bolsonaro de algumas lideranças evangélicas, segmento religioso majoritariamente composto por mulheres.[7]

Será que existe alguma diferença relevante quando acrescentamos a escolaridade a esta nossa análise? O Gráfico 10 revela que Bolsonaro teve apoio do eleitorado masculino em todas as faixas escolares no segundo turno, sendo mais expressivo nos segmentos de escolaridade média e superior. Entre as mulheres o quadro é de equilíbrio entre as faixas de ensino fundamental e superior (observe que as barras das margens de erro dos dois candidatos estão paralelas), e Bolsonaro supera Haddad por reduzida diferença entre as mulheres de escolaridade média. O Gráfico 10 mostra também que o nível escolar das eleitoras

GRÁFICO 10. Gênero, escolaridade e voto para presidente, segundo turno (2018)

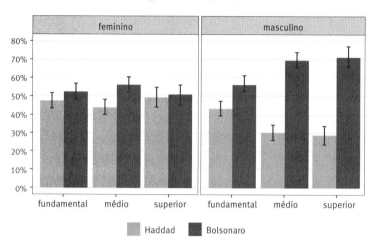

O gráfico mostra o percentual de votos para presidente (barras) e as margens de erro (linhas verticais na parte superior das barras), por gênero e escolaridade, estando os níveis educacionais agrupados da seguinte maneira: "fundamental" abarca desde analfabetos até respondentes com o ensino fundamental completo, "médio" abarca respondentes com o ensino médio completo ou incompleto e "superior" abarca respondentes com o ensino superior completo ou incompleto. As fontes de dados brutos são as pesquisas do Eseb realizadas em 2018.

não fez grande diferença no voto para presidente no segundo turno (observe que entre as mulheres a probabilidade de voto nos dois candidatos é muito similar). Já entre os homens a escolaridade faz uma diferença relevante: a probabilidade de um homem de baixa escolaridade votar em Bolsonaro é menor que entre os homens de média ou alta escolaridade.

OS PRESIDENTES BRASILEIROS DESDE a redemocratização foram eleitos com proporção semelhante de apoio do eleitorado masculino e feminino. Uma das principais características da

Gênero

votação de Bolsonaro nos dois turnos da eleição presidencial de 2018 é o amplo apoio que ele obteve entre os homens (dois de cada três votos), particularmente os de escolaridade média e superior. Entre as mulheres ele venceu por uma margem reduzida em todo o país, provavelmente com um apoio mais significativo das eleitoras de ensino médio.

Um estudo sobre o perfil dos eleitores dos partidos de extrema direita na Europa mostra que, na maioria dos países analisados, os homens têm uma propensão muito maior de votar nos partidos de extrema direita.[8] Entre as possíveis razões ele sugere: 1) que pesa o fato de alguns partidos cultivarem imagem de hipermasculinidade de seus líderes, o que afastaria o eleitorado feminino; 2) que haveria uma tendência de as mulheres se inclinarem a votar em partidos de centro-esquerda; 3) que as mulheres conservadoras tenderiam a ficar mais ofendidas com o radicalismo da extrema direita e prefeririam os partidos de centro-direita.

Diferentemente dos líderes de extrema direita da Europa, Bolsonaro não tem um partido organizado que lhe dê sustentação e disputou apenas uma eleição nacional. De qualquer modo, a afinidade entre posições de ultradireita e apoio eleitoral masculino é um tema que merece ser levado em conta para entendermos uma dimensão importante da vitória de Jair Bolsonaro em 2018.

4. Idade

A CONSTITUIÇÃO DE 1988 REDUZIU de dezoito para dezesseis anos a idade em que os cidadãos podem se tornar eleitores. Para o novo segmento etário (dezesseis e dezessete anos) incorporado ao eleitorado, tanto o alistamento eleitoral como o comparecimento para votar são facultativos. Para os cidadãos entre dezoito e setenta anos, o registro e o voto continuaram a ser obrigatórios. Nas primeiras eleições realizadas após a promulgação da nova Constituição, houve uma preocupação especial da Justiça Eleitoral em promover campanhas para alistar os potenciais eleitores de dezesseis e dezessete anos.

O movimento estudantil se mobilizou pela mesma causa. Em 1989, a União Nacional de Estudantes (UNE) e a União Brasileira de Estudantes Secundaristas (Ubes) lançaram o movimento "Se Liga, 16", que incentivava os jovens a se inscreverem como eleitores. No pleito de 1989 e nas eleições realizadas na primeira década dos anos 1990, a proporção de jovens inscritos foi alta, mas tem paulatinamente caído ao longo do tempo. Em 2018, somente 22% dos potenciais eleitores de dezesseis e dezessete anos tiraram o título de eleitor.[1]

Algumas pessoas acreditavam que a incorporação dos jovens ao processo eleitoral acabaria favorecendo os partidos de esquerda, pois havia uma premissa (que eu saiba, nunca demonstrada por pesquisas) de que jovens tendiam a ser de

Idade 63

esquerda.[2] Creio que essa premissa era uma generalização a partir do perfil dos militantes de esquerda, sobretudo os do PT, partido que contava com muitos jovens entre os seus filiados nos anos 1980. O fato é que essa é uma ideia que permanece ainda difusa entre os analistas políticos brasileiros: os partidos de esquerda seriam mais expressivamente apoiados pela juventude, enquanto os eleitores mais velhos tenderiam a ser mais conservadores.

Nos dois capítulos anteriores vimos que ao longo dos últimos anos o eleitorado brasileiro passou por duas transformações que acompanharam as mudanças demográficas do país: tornou-se majoritariamente feminino e passou a ser cada vez mais escolarizado, por conta da saída de eleitores idosos de baixa escolaridade e a entrada de jovens que estão cursando ou completaram o ensino médio. A essas duas, acrescento mais uma mudança: o eleitorado está ficando cada vez mais velho. O segmento de eleitores idosos (sessenta anos ou mais) cresce em relação ao eleitorado total, enquanto a proporção de jovens declina. A composição do eleitorado reflete o processo de transição demográfica da sociedade brasileira que foi acelerado a partir da década de 1980, com a drástica redução da mortalidade infantil e da taxa de natalidade e aumento da expectativa de vida, com consequente envelhecimento da população.[3]

Em 1992 (primeiro ano para o qual estão disponíveis dados sobre idade do eleitorado) o percentual de eleitores com até 24 anos chegava a 24%; em 2018 o percentual nessa faixa era de 15%. Em contraste, o volume de inscritos com mais de sessenta anos subiu no mesmo período, passando de 11% para 19%.

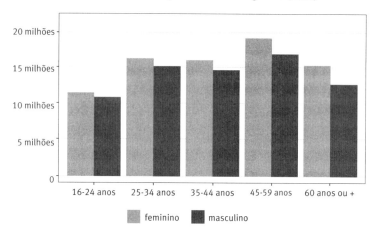

GRÁFICO 11. Eleitores por faixa etária e gênero (2018)

O gráfico mostra a composição do eleitorado brasileiro segundo a faixa etária e o gênero, considerando o eleitorado que se encontrava inscrito no mês de outubro de 2018. Os dados brutos foram extraídos do site do TSE.

O Gráfico 11 mostra o total de eleitores inscritos para votar em 2018, segundo a idade e o gênero. O eleitorado feminino é maior em todas as faixas, com a diferença mais expressiva nas de maior idade: na faixa de 45 a 59 anos, são 2 milhões a mais de eleitoras que eleitores; na faixa a partir de sessenta anos, são 2,5 milhões a mais.

Idade e voto nas eleições presidenciais

Tomando a idade como critério, agreguei os eleitores respondentes das pesquisas do Eseb em quatro faixas: de dezesseis a 29 anos, de trinta a 44 anos, de 45 a 59 anos e de sessenta anos ou mais. A pergunta que busco responder aqui é semelhante à

Idade 65

que orientou a exploração feita para a escolaridade e o gênero dos eleitores: será que a idade é fator importante para distinguir os eleitores do PT e de seus adversários no segundo turno? Os resultados são mostrados no Gráfico 12.

Em nenhuma das três eleições (2010, 2014 e 2018) cujos resultados estão apresentados no Gráfico 12 a idade foi um fator importante para distinguir os eleitores. Vale a pena atentar que, tanto para os candidatos do PT como para os seus adversários no segundo turno, não vemos mudanças relevantes na estimativa de votos em cada ano. Para voltar à hipótese do

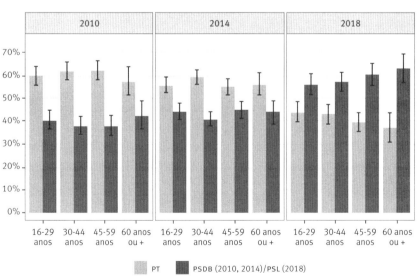

GRÁFICO 12. Relação entre idade e voto para presidente no segundo turno (2010-2018)

O gráfico mostra o percentual de votos para presidente (barras) obtido por cada concorrente e as margens de erro (linhas verticais na parte superior das barras), segundo a faixa etária. As fontes de dados brutos são as pesquisas do Eseb realizadas em 2010, 2014 e 2018.

voto juvenil de esquerda, observamos que os eleitores jovens (dezesseis a 29 anos) votaram majoritariamente na esquerda em 2010 e 2014; mas, como o mesmo aconteceu em todas as outras faixas, podemos dizer que não há nada particularmente especial na escolha eleitoral dos jovens. A diferença de 2018 em relação aos anos anteriores é que o PT perdeu em todas as faixas etárias, inclusive a juventude.

No grupo de eleitores na faixa de dezesseis a 29 anos há um número expressivo de jovens que ainda cursam o ensino médio ou estão na faculdade, ou acabaram de concluir um dos dois. São jovens que nasceram entre 1989 e 2002 e que chegaram ao ensino médio e ao curso superior durante os governos do PT. São também jovens que já foram socializados na era digital e usam extensivamente as redes sociais no seu dia a dia. É interessante observar que Bolsonaro conseguiu vencer também nesse grupo.

A segmentação das faixas etárias por gênero (Gráfico 13) mostra um resultado surpreendente. Entre os homens, Bolsonaro é o candidato preferido em todas as faixas. Já entre as mulheres, ele empata com Haddad na faixa de trinta a 44 anos e só recebe um amplo apoio entre as mulheres a partir de 45 anos. É no eleitorado de dezesseis a 29 anos, porém, que observamos a diferença mais acentuada: as jovens preferiram Haddad (ainda que por uma reduzida margem), enquanto os rapazes votaram em massa em Bolsonaro. Como vimos no capítulo anterior, as jovens foram as principais organizadoras e frequentadoras das manifestações de rua do movimento "Ele Não". Esse é um público com muitas estudantes e usuárias das redes sociais, potencialmente mais influenciadas pela mobilização realizada contra Bolsonaro.

GRÁFICO 13. Relação entre idade, gênero e voto para presidente, segundo turno (2018)

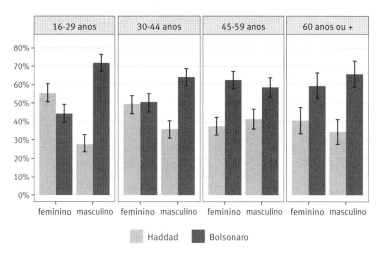

O gráfico mostra o percentual de votos para presidente (barras) obtido pelos concorrentes e as margens de erro (linhas verticais na parte superior das barras), segundo a faixa etária e o gênero. A fonte de dados brutos é a pesquisa do Eseb realizada em 2018.

A IDADE TRADICIONALMENTE TEM tido pouco impacto como um atributo que diferencia os eleitores nas disputas presidenciais brasileiras. Em geral, o candidato eleito tende a vencer no segundo turno em todas as faixas etárias. Aconteceu com Dilma em 2010 e 2014 e se repetiu em 2018 com Bolsonaro. Pelo menos nessas três eleições, a "hipótese do voto juvenil de esquerda" não se verificou. Porém, quando separamos as faixas etárias por gênero, a divisão observada no capítulo anterior reaparece: não importa a faixa etária, entre os homens a probabilidade de votar em Bolsonaro é sempre alta, enquanto entre as mulheres ele é majoritariamente votado nas faixas de mais idade, tem uma votação semelhante à de Haddad na faixa de trinta a 44 anos e perde entre as jovens.

5. Religião

Entre os muitos vídeos que circularam durante as eleições de 2018, um dos que mais me chamou a atenção foi aquele em que um bispo finalizava a sua homilia repetindo, e sendo efusivamente aplaudido pelos fiéis, o principal bordão da campanha de Bolsonaro: "Brasil acima de tudo, Deus acima de todos". No WhatsApp e nas redes sociais, o bispo era apresentado como pertencendo à Igreja católica (no YouTube o título do vídeo que registra a cena é "Bispo da Igreja católica apoiando Bolsonaro"). Na realidade, ele é arcebispo da Igreja Episcopal Carismática do Brasil, uma igreja de matriz evangélica.[1]

No passado, um sermão como o do bispo bolsonarista seria ouvido por centenas de pessoas que compareceram ao culto e por mais algumas centenas que receberiam relatos nos dias seguintes. A grande diferença é que atualmente as redes sociais e os canais de transmissão de vídeo permitem que as declarações e as manifestações de apoio das lideranças atinjam rapidamente fiéis dispersos pelo território. Como veremos no capítulo 7, na campanha eleitoral de 2018 a velocidade da difusão dessas informações foi possível por causa do uso massivo do WhatsApp.

As eleições de 2018 foram marcadas por uma grande mobilização de lideranças religiosas em favor de Bolsonaro. Não há como dimensionar se essa mobilização foi mais intensa do

Religião 69

que as de campanhas anteriores. No segundo turno de 1989 também houve uma grande mobilização das lideranças das igrejas evangélicas de matriz pentecostal a favor de Fernando Collor de Mello.[2]

Uma das mudanças mais profundas pelas quais a sociedade brasileira tem passado, sobretudo a partir dos anos 1990, é o declínio do percentual de católicos, o aumento dos evangélicos e, em menor escala, dos que professam outras religiões e se classificam como sendo sem religião. Os estudiosos chamam essa mudança de transição religiosa.[3] Quando Collor foi eleito presidente em 1989, os católicos representavam cerca de 83% e os evangélicos, 9%. Trinta anos depois, a estimativa é que os católicos representassem cerca de 50%, enquanto os evangélicos teriam passado para cerca de 30%; ou seja, em três décadas a proporção de evangélicos mais que triplicou.[4]

A Igreja católica é centralizada e hierárquica. Um padre responsável por uma paróquia de uma pequena cidade do interior do Brasil foi indicado pelo bispo da sua diocese, que por sua vez foi nomeado para dirigir a diocese pelo papa. A Conferência Nacional dos Bispos do Brasil (CNBB) é o órgão da Igreja católica responsável pelas diretrizes pastorais para todo o país. Para quem tem dúvida sobre o nível de centralização da Igreja católica, basta visitar igrejas diferentes num mesmo domingo para ver que o folheto impresso lido pelos fiéis é o mesmo em todos (ou quase todos) os lugares do Brasil.

Em contraste, ao fazer referência ao crescimento do número de evangélicos no Brasil estamos falando de centenas de denominações; algumas, como a Assembleia de Deus, contam com milhões de seguidores, outras operam apenas em um município e são frequentadas por poucas dezenas de fiéis. As denominações também variam segundo a sua doutrina e o tipo de organização: a Igreja Universal do Reino de Deus é centralizada e hierárquica, enquanto centenas de outras seguem a orientação do fundador ou liderança de âmbito local (mesmo a Assembleia de Deus tem subdivisões importantes). Em que pesem todas essas diferenças, quando perguntados, os frequentadores dessas igrejas em sua maioria acabam se autoclassificando como evangélicos.

Religião e voto

Anthony Garotinho, que concorreu pelo PSB nas eleições de 2002, foi o primeiro candidato competitivo à presidência que fez um apelo especial aos evangélicos. Garotinho era membro da Igreja Presbiteriana do Brasil e participava ativamente de programas de rádio dirigidos à comunidade evangélica. Segundo dados do Eseb-2002, Garotinho foi o preferido dos evangélicos no primeiro turno (chegando à frente de Lula e Serra). Marina Silva, membro da Assembleia de Deus, não conseguiu o apoio de lideranças das principais denominações evangélicas para suas campanhas em 2010 e 2014: em 2010 ela foi a terceira mais votada entre os evangélicos, atrás de Dilma e Serra; em 2014, foi a segunda colocada, empatando com Aécio (Dilma foi novamente a mais votada entre os evangélicos no primeiro turno).[5] Um membro ativo da Assembleia de Deus, Pastor Everaldo, também concorreu em 2014, mas obteve apenas 2,6% dos votos válidos.

Não é uma tarefa simples analisar as religiões brasileiras usando pesquisas de opinião, que tradicionalmente ouvem entre

Religião

1 mil e 3 mil pessoas. Um dos principais desafios é que, diante da tradicional pergunta "Qual é a sua religião?", os pesquisadores têm que lidar com uma grande variedade de respostas.

Para permitir uma comparação no tempo, agreguei as religiões dos entrevistados nas pesquisas do Eseb em três categorias: católicos, evangélicos e outros. Estou consciente de que faz pouco sentido juntar em um mesmo grupo o que estou chamando de "outros" (os adeptos das demais religiões, os que creem em Deus mas não têm religião e os poucos que se declaram como ateus ou agnósticos); mas essa agregação foi inevitável, pois todas as outras religiões aparecem com um pequeno número de casos, o que gera uma grande variação das estimativas (lembre-se de que, com poucos casos, a margem de erro tende a ser alta).

Na pesquisa Eseb-2018, 51% se declararam como católicos, 32% como evangélicos e 17% foram agregados na categoria outros. Aos que se autoclassificaram como evangélicos foi pedido que dissessem qual igreja evangélica frequentavam. Os resultados mostram a grande dispersão das denominações evangélicas: os 764 evangélicos da pesquisa deram 77 respostas diferentes.

O Gráfico 14 apresenta a proporção de votos para presidente segundo a religião (católicos, evangélicos e outros) nas eleições de 2010, 2014 e 2018. A religião não foi uma variável relevante para distinguir o voto no segundo turno em 2010; observe que a probabilidade de um eleitor votar em um nome do PT ou PSDB é semelhante nos três grupos. O quadro muda em 2014, com a dominância do PT mantida apenas entre os católicos. Em 2018, Bolsonaro vence (ainda que por uma pequena margem) entre

GRÁFICO 14. Relação entre religião (católicos, evangélicos e outros) e voto para presidente, segundo turno (2010-2018)

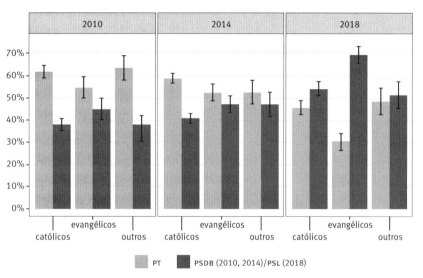

O gráfico mostra o percentual de votos para presidente (barras) obtido por cada concorrente e as margens de erro (linhas verticais na parte superior das barras), segundo a religião, tendo os respondentes sido agregados em três grupos: católicos, evangélicos e outros (reunindo aqueles que professam outras religiões, os que acreditam em Deus e não têm religião, e os que são ateus ou agnósticos). As fontes de dados brutos são as pesquisas do Eseb realizadas em 2010, 2014 e 2018.

os católicos e os eleitores da categoria "outros". Mas o dado que chama a atenção é sua expressiva votação entre os evangélicos (cerca de 70%). Vale a pena assinalar a grande mudança do voto evangélico em relação ao pleito anterior, em que houve um equilíbrio entre PT e PSDB no segmento.

Dados do Censo de 2010 mostram que o crescimento das igrejas evangélicas e a diminuição dos fiéis católicos se dão em ritmos diferentes pelo território nacional. O percentual de evangélicos na população varia segundo o tipo e a localização do município (rural ou urbano; região metropolitana, capital ou interior) e as unidades da federação (variando de 10% no Piauí até 34% em Rondônia). Entre as regiões, o Nordeste é a que tem a maior proporção de católicos (72%) e a menor de evangélicos (16%). A proporção de evangélicos é alta, sobretudo, nas regiões Norte (29%) e Centro-Oeste (27%).[6]

Vejamos no Gráfico 15 como se deu a votação dos candidatos em 2018, segundo a religião (católicos ou evangélicos) e a região. Nas regiões Norte/Centro-Oeste (as quais agreguei em razão do número de casos), Sudeste e Sul, o quadro é o mesmo da disputa nacional (Bolsonaro vence entre católicos e evangélicos), mas com uma votação maior entre estes últimos. E novamente os resultados do Nordeste são discrepantes: Haddad tem uma vitória expressiva entre os católicos e empata

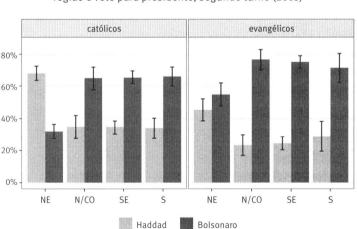

GRÁFICO 15. Relação entre religião (católicos e evangélicos), região e voto para presidente, segundo turno (2018)

O gráfico mostra o percentual (barras) e as margens de erro (linhas verticais na parte superior das barras) de votos dos concorrentes. As regiões Norte e Centro-Oeste foram agregadas. A fonte de dados brutos é a pesquisa Eseb realizada em 2018.

com Bolsonaro entre os evangélicos. Fica claro que foi graças à votação obtida entre os católicos nordestinos que Haddad conseguiu um bom desempenho entre os católicos quando vemos o resultado em âmbito nacional.

Bolsonaro e os evangélicos

Jair Bolsonaro é católico. A informação consta do seu perfil na Wikipédia e em muitas outras fontes na internet. O fato de frequentar os cultos da Igreja Batista Atitude, comunidade de sua mulher Michelle Bolsonaro, e de ter participado ao longo da campanha de muitas atividades em templos evangélicos fez com que muitos pensassem que ele é evangélico. Bolsonaro usou amplamente citações de passagens bíblicas em seus discursos e foi o primeiro candidato competitivo desde a redemocratização a mencionar Deus em um lema de campanha.

Em maio de 2016, Bolsonaro e os seus três filhos mais velhos foram batizados nas águas do rio Jordão, em Israel, onde, segundo a Bíblia, Jesus foi batizado. As fotos e o vídeo do batizado circularam amplamente durante a campanha eleitoral e foram uma peça fundamental para criar um vínculo do candidato com o mundo evangélico, onde o batismo acontece na fase adulta. O Pastor Everaldo (que havia sido candidato a presidente pelo psc em 2014), responsável pela imersão de Bolsonaro, esclareceu: "As pessoas não entendem que batismo não é coisa de evangélico ou católico, mas de todos que creem que Jesus é seu salvador".[7]

Diferentemente de Anthony Garotinho e Marina Silva, que eram evangélicos e ativos em suas igrejas, Bolsonaro é católico e não é um frequentador assíduo. Por que então ele obteve um apoio tão expressivo dos evangélicos? Uma das hipóteses sobre a opção dos evangélicos por Bolsonaro é a existência de uma afinidade em relação ao conservadorismo no campo comportamental. A partir do seu penúltimo mandato como deputado federal (2011-2015), ele fez uma inflexão na carreira que o aproximaria da bancada conservadora na Câmara dos Deputados.

Os futuros biógrafos de Jair Bolsonaro terão dificuldades de falar sobre seus cinco primeiros mandatos como deputado federal. Ao contrário da sua ruidosa saída do Exército — que já foi tema de um livro —, sua atividade parlamentar é discreta.[8] Nesse período ele aprovou apenas um projeto de lei, nunca presidiu uma comissão ou foi líder de partido.[9] Não fossem seus arroubos retóricos, ele passaria como mais um dos deputados do baixo clero que são reeleitos sucessivamente mas são pouco notados em âmbito nacional.

Por duas décadas, entre 1990 e 2010, Bolsonaro foi um parlamentar que priorizou a defesa dos interesses da corporação militar. A sua votação para deputado federal oscilou, mas ele nunca chegou a constar da lista de campeões nacionais de voto: 67 mil votos em 1990; 135 mil votos em 1994; 103 mil votos em 1998; 89 mil votos em 2002; 100 mil votos em 2006.[10] Em 2010, no último pleito em que se apresentava, sobretudo, como um deputado de ultradireita e representante dos interesses dos militares na Câmara, ele recebeu 121 mil votos.

A mais importante mudança na trajetória parlamentar de Bolsonaro aconteceria ao longo da legislatura que se inicia em 2011, quando ele diversifica seus temas de interesse e participa mais ativamente do debate sobre questões comportamentais, tanto na Câmara dos Deputados como nos meios de comunicação.[11] Ele passa a dar destaque ao que chama de "defesa da família tradicional", que a seu ver seria ameaçada pelo casamento gay, pelo material escolar do governo do PT "que incentiva as crianças a serem homossexuais" e até pela "lei menino Bernardo" (lei 13 010/2014), que pune castigos físicos e maus-tratos contra as crianças, a qual, para Bolsonaro, tiraria a autonomia dos pais. É como defensor dessa agenda que ele estabelece as primeiras conexões com a bancada religiosa e conservadora da Câmara dos Deputados.[12]

Há um argumento corrente para explicar o voto evangélico em Bolsonaro em 2018 — que chamarei de a "hipótese da afinidade conservadora", e que pode ser estendido a católicos conservadores e a conservadores sem religião —, que é o seguinte: 1) os evangélicos, em sua maioria, têm posições conservadoras no campo comportamental; 2) Bolsonaro se tornaria um dos principais defensores dos temas conservadores no debate público; 3) em eleição em que um candidato com posição conservadora nos temas comportamentais é adversário de outro com posições progressistas, os evangélicos votarão no candidato conservador.[13]

O ideal seria que tivéssemos dados para testar a hipótese da afinidade conservadora e dimensionar o seu impacto na disputa presidencial de 2018. Infelizmente, as pesquisas de opinião feitas ao longo da campanha eleitoral não trazem perguntas específicas sobre temas comportamentais. De qualquer modo, temos alguns elementos (relatos de estudiosos, matérias jornalísticas e depoimentos de lideranças religiosas) para acreditar que o conservadorismo de Bolsonaro tenha sido uma das principais razões para ele ter sido bem votado entre os evangélicos.[14]

Um fator que provavelmente contribuiu para a excelente votação de Bolsonaro entre os evangélicos foi o apoio que ele conquistou de líderes avulsos e da cúpula de diversas denominações. Além das dirigentes nacionais, muitos pastores e lideranças evangélicas, cuja atuação é mais conhecida em âmbito estadual e municipal, se envolveram na campanha do candidato do PSL.[15] Silas Malafaia, pastor e presidente da Igreja Assembleia de Deus Vitória em Cristo — o líder evangélico mais influente nas redes sociais brasileiras —, foi o primeiro a apoiar Bolsonaro em seu Twitter, em fevereiro de 2018; ao longo da campanha, Malafaia se tornaria um ativo cabo eleitoral de Bolsonaro e crítico da candidatura do PT.

Os apoios aconteceram paulatinamente, com um volume mais intenso no fim do primeiro turno e começo do segundo turno. Entre eles, se destacam: o bispo Edir Macedo, da Igreja Universal do Reino de Deus e proprietário da Rede Record — emissora que deu amplo espaço para aparições de Bolsonaro —; José Wellington Bezerra da Costa, presidente emérito da Convenção Geral das Assembleias de Deus; e um grande número de pastores e cantores gospel com larga influência no mundo evangélico.[16]

Em 1989, as principais lideranças evangélicas se engajaram na eleição de Collor. É provável que ele tenha sido o candidato preferido dos eleitores evangélicos (as pesquisas feitas na época quase nunca perguntavam a religião do entrevistado), mas essa decisão teve pouco impacto em âmbito nacional. Três décadas depois, Bolsonaro conquistaria, entre os evangélicos, o maior percentual de apoio que um candidato já obteve em alguma denominação religiosa. A diferença agora é que os evangélicos representam um grande contingente do eleitorado nacional. Vimos que, entre os católicos e os que professam outros credos ou não têm religião, a disputa do segundo turno foi apertada. Por isso, não é exagero dizer que a mobilização dos evangélicos foi um dos fatores determinantes para a vitória de Bolsonaro.

6. Petismo e antipetismo

Num daqueles programas de auditório em que o concorrente avança caso responda corretamente a uma pergunta, uma questão certamente derrubaria qualquer um (mesmo se fosse um cientista político): "Quantos partidos políticos diferentes (um partido que mudou de nome conta só uma vez) participaram de pelo menos uma eleição no Brasil desde 1985?". Uma pergunta bem mais fácil, daquelas que faz qualquer um mudar de fase, seria: "Qual é o partido brasileiro mais conhecido e mais importante na atual fase democrática?". A resposta à primeira questão é: 84. A resposta à segunda questão é: o Partido dos Trabalhadores. É interessante observar que, em meio à barafunda de siglas e ao sistema partidário mais fragmentado do mundo, em quarenta anos apenas um único partido conquistou um espaço tão central na política brasileira.

A centralidade do PT no sistema político brasileiro é tão grande que ele gerou um sentimento de rejeição com nome próprio: antipetismo.[1] Nas democracias tradicionais, a identificação com os partidos, em geral, se dá pelo sinal positivo. No Reino Unido, eleitores são ou conservadores, ou trabalhistas; na Alemanha, ou democratas-cristãos, ou social-democratas; nos Estados Unidos são ou republicanos, ou democratas. Ter preferência por uma legenda pode significar uma rejeição forte ao seu principal adversário; um conservador britânico na certa é um antitrabalhista, e vice-versa. A singularidade do caso do Brasil é a inexistência de um partido (ou partidos) que tenha conseguido se afirmar positivamente com forte apoio na opinião pública. O PSDB, que disputou seis eleições presidenciais (1994, 1998, 2002, 2006, 2010 e 2014) como o principal adversário do PT, poderia ocupar esse lugar. Mas não conseguiu. O total de eleitores simpáticos ao PSDB nas pesquisas de opinião nunca chegou aos dois dígitos, mesmo quando o partido esteve à frente do governo federal.

Em outros países é comum que os institutos de pesquisa perguntem aos eleitores se eles têm preferência por algum partido. Mas é menos frequente perguntar se eles rejeitam algum outro partido. No Brasil, desde pelo menos as eleições de 1989, as pesquisas começaram a acrescentar uma pergunta para dimensionar a eventual rejeição a um (ou mais) partido político. Ela aparece de diversas maneiras: "Existe algum partido que você não votaria de jeito nenhum?", "Existe algum partido que você não gosta, não tem simpatia (ou tem antipatia)?", "Numa escala de dez pontos, qual nota você daria para o partido X?".

Nas três vezes em que o PT concorreu estando à frente do governo federal (2006, 2010 e 2014), a agenda de campanha teve um forte caráter plebiscitário, que foi bem explorado pelos marqueteiros do partido. Grosso modo, a ideia era mostrar os avanços sociais e econômicos da era petista e deixar o eleitor diante de uma escolha razoavelmente fácil de ser feita: se você quer que as mudanças que o partido implementou sejam mantidas, vote no PT; caso queira a volta ao período em que as políticas públicas favoreciam poucos, vote no PSDB. À oposição praticamente restou fazer críticas pontuais a determinadas políticas públicas e sempre enfatizar a corrupção, que passou a ser o tema prioritário da agenda antipetista desde que as denúncias do "escândalo do mensalão" apareceram, em 2005.

Em 2018, a situação do PT mudou em dois aspectos fundamentais. O primeiro é que ele estava fora do poder, portanto sem poder privilegiar o tema da avaliação do governo como havia feito nas eleições de 2006, 2010 e 2014. Mesmo assim, um dos temas centrais da campanha de Haddad foi o retorno à era de ouro do petismo (obviamente ignorando os indicadores econômicos negativos do segundo governo Dilma).

O segundo aspecto que afetou a campanha petista em 2018 foi o fato de o seu maior líder, o ex-presidente Lula, encontrar-se preso em Curitiba. Com isso, o partido perdeu não somente o candidato mais competitivo (Lula liderava as pesquisas até meados de 2018), mas também um cabo eleitoral que foi fundamental nas duas disputas (2010 e 2014) em que ele não concorreu pelo partido; pela primeira vez desde 1989, Lula não constava da cédula eleitoral (ou da urna eletrônica), nem percorria o Brasil em campanha em apoio a um candidato do PT. Além disso, o discurso que vinculava o PT à corrupção ganhou um elemento que foi muito bem explorado pela campanha de Bolsonaro: "Se você tem dúvidas de que o PT é um partido corrupto, não tenha mais: seu principal líder está na cadeia".

Desde 2002, as pesquisas mostram que existe um contingente de eleitores que avalia negativamente alguns partidos, mas, como dissemos, só um partido gerou um termo próprio para essa rejeição. O antipetismo estaria associado sobretudo ao conservadorismo comportamental e à corrupção. Em 2018, o discurso antipetista foi mobilizado por Bolsonaro de maneira mais intensa do que havia sido mobilizado por adversários do partido em eleições anteriores. Sua campanha anulou a discussão da tradicional agenda das conquistas sociais e econômicas dos governos do PT. Os temas priorizados foram a corrupção, os vínculos do petismo com os governos de Chávez/Maduro e a política do governo petista de combate à homofobia nas escolas, pejorativamente chamada de "kit gay". O núcleo da agenda antipetista pode ser resumido em uma frase: "O PT é um partido de corruptos, que ameaça as famílias tradicionais e quer transformar o país numa enorme Venezuela".

Petismo e antipetismo em 2018

Para tentar dimensionar o impacto do antipetismo nas eleições de 2018, combinei duas questões da pesquisa Eseb-2018, uma sobre a preferência por um partido e a outra sobre a rejeição partidária. As perguntas são as seguintes: "Existe algum partido que representa a maneira que o(a) sr.(a) pensa?" e "Existe algum partido de que o(a) sr.(a) não gosta?". Nos dois casos, as respostas eram únicas e espontâneas (a lista com o nome das legendas não é mostrada ao entrevistado). Com base nas respostas, agreguei os eleitores em quatro grupos: petistas, antipetistas, outros e neutros.

O primeiro grupo engloba os que disseram que o PT representa a sua maneira de pensar. O segundo é composto pelos que declararam não gostar do PT. O terceiro inclui os que têm preferência e/ou rejeição por outras legendas. O último agrega os eleitores que não têm preferência partidária e nem rejeitam quaisquer dos partidos.

A distribuição de cada grupo é apresentada no Gráfico 16. O percentual de petistas é de cerca de 10%, valor que é o menor desde as eleições presidenciais de 2002.[2] O percentual de antipetistas se aproxima de 30%. Infelizmente, a mesma pergunta sobre rejeição partidária não foi feita nas pesquisas do Eseb realizadas em 2010 e 2014, por isso não é possível mensurar o quanto a propaganda eleitoral de Bolsonaro fez o antipetismo crescer durante a campanha de 2018.

O apoio ou a rejeição ao PT não se esgota nas respostas às duas questões que deram origem à tipologia apresentada nesse gráfico. De qualquer modo, temos um indicador razoável da magnitude do propalado antipetismo em 2018: ele é de cerca de 30% dos eleitores. Mas o dado que chama mais a atenção no gráfico é que quase metade do eleitorado não tem uma atitude forte (preferência ou rejeição) em relação aos partidos. Ou seja,

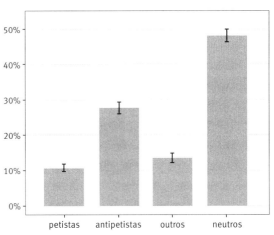

GRÁFICO 16. Atitudes em relação ao PT (2018)

O gráfico mostra o percentual de eleitores classificados em quatro categorias, sendo petistas os que têm identificação com o partido; antipetistas os que não gostam do partido; outros os que têm preferência e/ou rejeição por outras legendas; e neutros os que não têm preferência nem rejeição por quaisquer das legendas. A fonte de dados brutos é a pesquisa do Eseb realizada em 2018.

existem mais eleitores alheios à disputa PT/anti-PT do que o debate público dá a entender.

Vale a pena observar como os quatro tipos de eleitores se distribuem segundo a escolaridade (Gráfico 17). O percentual de eleitores com preferência pelo PT diminui à medida que o nível de escolaridade aumenta. Com o antipetismo, a tendência se dá em direção contrária: quanto maior a escolaridade, maior é o antipetismo: entre os eleitores de ensino fundamental é

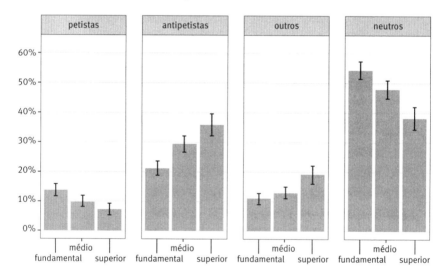

GRÁFICO 17. Atitude em relação ao PT nas eleições (2018), segundo a escolaridade

O gráfico mostra o percentual (barras) e as margens de erro (linhas verticais na parte superior das barras) dos quatro tipos de eleitores, segundo a escolaridade, estando os níveis educacionais agrupados da seguinte maneira: "fundamental" abarca desde analfabetos até respondentes com o ensino fundamental completo, "médio" abarca respondentes com o ensino médio completo ou incompleto, e "superior" abarca respondentes com o ensino superior completo ou incompleto. Petistas são os que têm identificação com o partido; antipetistas, os que não gostam do partido; outros, os que têm preferência e/ou rejeição por outras legendas; e neutros, os que não têm preferência nem rejeição por quaisquer das legendas. A fonte de dados brutos é a pesquisa do Eseb realizada em 2018.

de aproximadamente 20%, passa para cerca de 30% entre os de ensino médio e 35% entre os de ensino superior. Outro dado que chama a atenção no Gráfico 17 é que a neutralidade partidária (eleitores sem partido e que não rejeitam nenhum partido) é majoritária junto ao eleitorado de baixa escolaridade, mas tende a diminuir conforme o aumento da escolaridade.

Em 2018, o voto para presidente dos classificados como petistas e antipetistas se deu como o esperado (Gráfico 18). Entre os que declaram ter simpatia pelo PT, cerca de 90% votaram em Haddad no segundo turno, percentual um pouco superior ao observado nas duas eleições anteriores (o percentual de petistas que votou em Dilma Rousseff foi de 77% em 2010

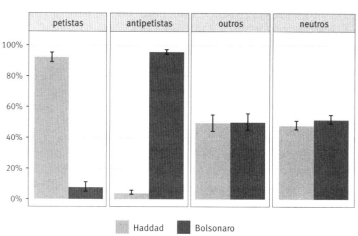

GRÁFICO 18. Atitudes em relação ao PT e voto para presidente, segundo turno (2018)

O gráfico mostra o percentual de votos para presidente (barras) e as margens de erro (linhas verticais na parte superior das barras), segundo os quatro tipos de eleitores, sendo petistas os que têm identificação com o partido; antipetistas os que não gostam do partido; outros os que têm preferência e/ou rejeição por outras legendas; e neutros os que não têm preferência nem rejeição por quaisquer das legendas. A fonte de dados brutos é a pesquisa do Eseb realizada em 2018.

e 80% em 2014).[3] Entre os antipetistas, a proporção de votos do candidato do PSL no segundo turno foi de cerca de 95%. A importância do voto antipetista para a vitória de Bolsonaro fica mais evidente quando observamos o voto dos neutros e dos que têm simpatia e/ou rejeição por outras legendas: em ambos os segmentos os dois candidatos concorrentes receberam uma proporção semelhante de apoio.

MUITOS ELEITORES JÁ ERAM antipetistas antes do começo oficial da campanha e, por isso, acabaram votando em Bolsonaro por ele ter se viabilizado como o candidato capaz de derrotar o PT. Eu ouvi diversas vezes a seguinte frase de eleitores que votaram no candidato do PSL: "Eu não gosto de Bolsonaro, mas ele é o nome capaz de evitar que o PT volte a governar o país". Mas, provavelmente, uma parte do antipetismo foi cultivada ao longo da campanha. São eleitores que se tornaram antipetistas por conta da propaganda de Bolsonaro e de seus apoiadores. Pelos dados disponíveis, não há como diferenciar o antipetismo pré-campanha do cultivado ao longo dela. O que sabemos é que para cerca de 30% do eleitorado houve convergência entre uma atitude antipartidária e voto: esses eleitores são antipetistas e votaram no candidato do PSL.

Outro dado que não pode ser perdido de vista é o fato de que a distinção petismo/antipetismo é pouco relevante para os eleitores de baixa escolaridade e tem mais importância no segmento de educação superior. Esses dados talvez ajudem a matizar uma ideia de que o antipetismo foi a principal razão da vitória de Bolsonaro: ele parece ter sido no máximo uma das razões para os eleitores de maior escolaridade terem votado no PSL.

7. As redes sociais

As ELEIÇÕES DE 1982 MARCARAM o início do predomínio da televisão como o principal veículo de propaganda eleitoral no Brasil. No último pleito realizado durante o regime militar, a legislação não permitiu que os candidatos falassem, mas apenas que uma voz "em off" fizesse a apresentação de suas biografias, enquanto fotos podiam ser mostradas na tela.[1] A importância da televisão se deveu aos debates entre os candidatos a governador. No estado do Rio de Janeiro, por exemplo, os poucos canais de televisão existentes na época — Globo, TVS e Bandeirantes — promoveram debates (alguns no meio da tarde) que tiveram uma audiência expressiva. No Rio de Janeiro, o bom desempenho de Leonel Brizola nos debates foi fundamental para a sua vitória.

As eleições presidenciais de 1989 foram as primeiras da história brasileira em que a propaganda dos candidatos à presidência foi simultaneamente assistida e ouvida em todo o território nacional. Dessa vez, os candidatos puderam falar e as campanhas tiveram a liberdade de criar diversos formatos de propaganda política.

Durante quase três décadas a campanha no horário eleitoral foi vista como o principal canal para o sucesso em uma disputa para o Executivo. Mas ao longo dos anos uma série de mudanças na tecnologia e na estrutura de comunicação afetou a audiência e diminuiu a centralidade do horário eleitoral gratuito em rede (os spots de trinta e sessenta segundos passaram a ser permitidos somente a partir de 1996). A primeira mudança foi a expansão da televisão a cabo, que deu a opção de os telespectadores assistirem a canais que não transmitem o horário político. A seguir, com a ampliação da banda larga e a invenção do smartphone, os cidadãos passaram a usar seus celulares e computadores como meios de informação e divertimento. Mais recentemente, a opção de filmes e séries por assinatura tirou ainda mais espectadores dos canais tradicionais e, consequentemente, reduziu a audiência do horário eleitoral em rede.[2]

A aposta de analistas e políticos para as eleições de 2018 era que a televisão continuaria sendo o veículo dominante, com as mídias sociais tendo um lugar complementar.[3] Tudo parecia resolvido por uma equação simples: para ser bem-sucedido, um candidato a um cargo no Executivo precisaria contar, além da tradicional equipe comandada por um marqueteiro, com um segmento de mídia digital. Nas eleições presidenciais de 2014, os principais candidatos privilegiaram essa combinação. A campanha no rádio e na televisão (com o uso também de inserções comerciais) manteve o seu protagonismo, mas as redes sociais, sobretudo o Twitter e o Facebook, foram amplamente utilizadas por Dilma Rousseff e Aécio Neves.[4]

Em larga medida, o aumento do uso das redes sociais no Brasil ao longo da década de 2010 está associado à massificação da internet. Uma pesquisa feita pelo Instituto Brasileiro de Geografia e Estatística (IBGE) em 2017 mostrou os seguintes resultados: a internet era utilizada em 75% dos domicílios brasileiros, na área urbana chegando a 80% das casas e na área rural, a 41%; o percentual de pessoas com mais de dez anos que usavam a internet (em casa ou em outros locais) era de 70% (75% em área urbana e 39% em área rural); não há grande diferença de uso quando comparamos homens e mulheres, mas a idade e a escolaridade eram fatores importantes; entre os jovens de vinte a 24 anos, 88% acessavam a internet, enquanto no segmento com mais de sessenta anos apenas 31% o faziam; entre as pessoas com ensino fundamental, 50% acessavam a internet, já na faixa com ensino superior o percentual chegava a 98%.[5]

Ao longo do seu último mandato como deputado federal (2015-2018), Bolsonaro se transformou no político brasileiro com maior influência nas redes sociais. Em 2014 ele tinha apenas 68 mil seguidores no Twitter; três anos depois, esse número já havia subido para 376 mil.[6] No Facebook, em 2017 ele atingiu 4,2 milhões de seguidores, muito à frente de outros políticos (Lula tinha 2,9 milhões). Uma matéria da BBC Brasil de maio de 2017 já chamava a atenção de que havia um grande número de pessoas trabalhando em prol do candidato do PSL em blogs, canais de YouTube, Facebook, Twitter e em grupos de WhatsApp.[7]

Como vimos no capítulo 1, quando a campanha começou oficialmente, em meados de agosto de 2018, Bolsonaro já aparecia com cerca de 20% das preferências. O amplo uso das redes sociais e do YouTube por ele e pela ampla rede de apoiadores conquistados no meio digital foi um dos fatores decisivos para a consolidação da sua candidatura. É importante lembrar que, simultaneamente ao crescimento de sua exposição nas redes sociais, Bolsonaro viajou pelo Brasil e participou de muitos programas no rádio e televisão; os áudios e vídeos de suas aparições públicas e na mídia tradicional eram também difundidos posteriormente nas redes sociais.[8]

WhatsApp e fake news

A expansão do WhatsApp no Brasil teve um grande impacto na forma de comunicação entre as pessoas. Não estou falando do impacto na sociabilidade de familiares e amigos, nem do fim da barulhenta comunicação por telefone que exasperava pessoas em ambientes fechados, como transportes coletivos. O que mais chamou a minha atenção foi a rapidez com que o aplicativo passou a ser usado por pessoas mais velhas e de baixa escolaridade. Aos poucos, trabalhadores de serviços começaram a usá-lo como fonte prioritária de comunicação profissional. À medida que os smartphones e os planos das operadoras ficaram mais acessíveis, mais cidadãos de baixa escolaridade passaram a utilizar o WhatsApp como fonte de informação e divertimento. Minha impressão é que o aplicativo promoveu uma inclusão digital que redes sociais anteriores não haviam conseguido.

O WhatsApp já tinha sido marginalmente usado nas eleições presidenciais de 2014 e com um pouco mais de amplitude nas eleições municipais de 2016. Em 2018, porém, o aplicativo mais usado pelos brasileiros foi também empregado como um dos principais — se não o principal — canais de difusão de conteúdo político de Bolsonaro e seus apoiadores. No arsenal de instrumentos digitais utilizados pela campanha de Bolsonaro (e em menor escala pelos seus adversários), o WhatsApp merece um destaque especial. Isso em razão de seu alcance, da velocidade com que as mensagens são propagadas e do ineditismo de uso massivo em uma campanha no Brasil.[9]

Já existe um grande volume de estudos sobre o uso do Twitter e do Facebook nas campanhas eleitorais de diversas democracias.[10] Como postagens e a interação entre os usuários são

As redes sociais

públicas, os pesquisadores criaram várias ferramentas para análise do uso das duas plataformas. Em contraste, o WhatsApp é um aplicativo de compartilhamento de mensagens privadas, que em 2018 permitia que cada grupo contivesse até 256 componentes, com restrição de envio de mensagens para no máximo vinte deles de cada vez.[11] Um pesquisador pode, por exemplo, participar de muitos grupos, obter informações preciosas sobre o conteúdo e o nível de compartilhamento entre os grupos. Mas não é possível ter uma visão ampla do uso da plataforma. Quantos grupos existem? Qual é o nível de compartilhamento de uma mensagem? Qual a velocidade de "contágio" de uma mensagem?

Dois pesquisadores do Rio de Janeiro se inscreveram em 21 grupos de WhatsApp de apoiadores da candidatura de Bolsonaro e acompanharam as trocas de mensagens entre os dias 5 de setembro e 11 de novembro de 2018. Vale a pena salientar que os grupos estudados não eram os tradicionais formados por colegas, amigos e familiares, mas os que haviam sido criados explicitamente para fazer campanha em prol de Bolsonaro. A análise de 195 mil mensagens mostrou que um pequeno número de participantes efetua a maior parte das postagens e que as mensagens mais compartilhadas têm um link para outras redes sociais, como o YouTube e o Facebook. Os grupos tinham uma estratégia explícita de evitar danos à imagem de Bolsonaro e foram decisivos para divulgar, nos dias próximos ao pleito, os candidatos a outros cargos alinhados com o candidato à presidência; uma espécie de "santinho virtual" do campo bolsonarista.[12]

As eleições de 2018 também serão conhecidas pela ampla difusão de fake news — notícias sem base factual ou mentiras — para favorecer certos candidatos, mas principalmente para detratar os adversários. Notícias falsas e boatos sempre estiveram presentes em campanhas eleitorais no Brasil. Em 1989, por exemplo, os apoiadores de Collor espalharam uma onda de boatos sobre o que aconteceria na eventualidade de vitória do PT no segundo turno: famílias teriam que dividir suas casas com outras, o governo tomaria a poupança das pessoas, milhares de empresários fugiriam do país. Lembro uma história que hoje parece implausível, mas que é exemplar de como os boatos anti-PT se difundiam pelo país. Em meados de 1989, eu estava no interior do Mato Grosso do Sul, num curso de formação para trabalhadores rurais sem-terra. No intervalo, uma das lideranças me chamou de lado e, meio constrangido, perguntou: "Queria saber se é verdade o que estão falando: se o Lula ganhar o casamento vai acabar e o governo vai pegar as nossas mulheres?".

As redes sociais, no entanto, além de ampliar a velocidade de propagação de uma notícia falsa, adicionaram às eleições de 2018 um componente ausente do boato tradicional: o eleitor agora pode assistir e ouvir e "ter certeza" de que aquela notícia é verdadeira. Em 2018, a maioria das fake news foi difundida pelos apoiadores de Bolsonaro e teve como alvo o candidato do PT. Por exemplo, um levantamento de 123 notícias falsas difundidas ao longo da campanha indica que 104 (85%) beneficiaram Bolsonaro e 19 (15%) favoreceram Haddad.[13]

A Agência Lupa, empresa de checagem de notícias, verificou mensagens falsas compartilhadas pelo Facebook no primeiro turno. São vídeos velhos com novas informações acrescentadas fora do contexto original, fotos adulteradas, notícias inventadas e teorias da conspiração (o TSE teria dado o código

As dez notícias falsas mais populares tiveram juntas mais de 865 mil compartilhamentos, e isso somente no Facebook.[14]

das urnas eletrônicas para os venezuelanos…). As dez notícias falsas mais populares tiveram juntas mais de 865 mil compartilhamentos, e isso somente no Facebook.[14]

Sabemos que houve um grande uso de fake news em 2018 e que a maioria delas visava a detratar os adversários do candidato do PSL, particularmente a campanha do PT. Mas, além da difusão, o caminho é longo até que possamos estimar se elas realmente influenciaram o voto: é preciso saber: 1) quantas pessoas receberam a informação; 2) se quem recebeu acreditou; 3) se quem acreditou depois não soube que era uma notícia falsa; 4) se quem acreditou votou em um determinado candidato por isso. Uma análise apressada, enfatizando em demasia o *volume* de notícias falsas que circularam em 2018, faz uma ligação direta entre os passos 1 e 4; algo como: recebeu a notícia, acreditou, votou.[15]

Por isso, é fundamental que tenhamos mais pesquisas para mensurar o tamanho e a influência das fake news no comportamento eleitoral. Um grupo de pesquisadores fez um experimento engenhoso em Minas Gerais durante a campanha de 2018. Após as tradicionais perguntas de uma pesquisa de opinião, eles apresentaram seis diferentes notícias falsas acompanhadas por imagens e pediram para os respondentes avaliarem a veracidade de cada uma delas. As respostas variaram segundo os quesitos, mas a estimativa é que apenas ⅓ dos eleitores acreditou nas notícias falsas (esse número exclui os 13% que não souberam responder).[16]

Embora a pesquisa tenha sido em um ambiente diferente do mundo real, onde as pessoas recebem muitas fake news e têm com essas notícias outras formas de interação (repassar, conversar com um familiar ou amigo, verificar a veracidade na internet), ela oferece uma primeira estimativa da crença dos eleitores.

Um tema pouco analisado pelos estudos sobre comportamento eleitoral é quais fatores estariam associados ao crescimento intenso de alguns candidatos ao longo da campanha, sobretudo nos dias próximos às eleições — fenômeno que no Brasil é batizado pelo nome do candidato, precedido pela palavra "onda". São exemplos: a "onda Gabeira" nas eleições para prefeito do Rio de Janeiro em 2008, a "onda Doria" na disputa para prefeito de São Paulo em 2016 e a "onda Marina" nas eleições presidenciais de 2014. Como vimos no capítulo I, o crescimento do candidato do PSL foi paulatino ao longo da campanha, sendo mais intenso nos dias que antecederam o primeiro turno. Mas houve uma onda eleitoral nos dias que antecederam o primeiro turno que favoreceu muitos políticos aliados a Bolsonaro, sejam os filiados ao PSL, sejam os políticos de outras legendas que o apoiaram. Entre eles, se destacam os candidatos a governador do Rio de Janeiro (Wilson Witzel, PSC), de Minas Gerais (Romeu Zema, Novo) e de São Paulo (João Doria, PSDB).

Se não podemos falar em uma "onda Bolsonaro", talvez possamos falar de uma "onda bolsonarista". Minha hipótese (infelizmente não consegui dados para tentar testá-la) é de que o WhatsApp teve um papel decisivo para que isso acontecesse. Os santinhos virtuais foram propagados numa velocidade muito superior à dos tradicionais santinhos de papel e atendiam a uma demanda de candidatos a outros cargos em uma eleição na qual eles tiveram pouca exposição; eleitores que haviam decidido por Bolsonaro receberam pela plataforma a chapa completa do campo bolsonarista: quer votar em candidatos que apoiam Bolsonaro? São esses.

Os usuários das redes sociais e o voto para presidente

Uma pesquisa feita pelo Datafolha em 2 de outubro de 2018 perguntou aos eleitores de todo o país se eles eram usuários das principais redes sociais. O WhatsApp era utilizado por 67% dos eleitores, o Facebook por 58% e o Twitter por apenas 14%. Muitas pessoas preferem utilizar as redes sociais apenas para tratar de assuntos privados e para entretenimento, evitando compartilhar informações ou emitir opiniões sobre assuntos controversos; mas é difícil dizer que mesmo essas pessoas não tenham visto notícias sobre a campanha eleitoral em 2018, considerando a intensidade com que estas circularam.

Sabemos que a utilização dessas plataformas varia segundo uma série de características dos usuários (renda, escolaridade, local de moradia). É esperado que moradores de cidades rurais, por exemplo, tenham menos cobertura de internet e, consequentemente, menos acesso às redes sociais. O Gráfico 19 mostra o percentual de usuários segundo a escolaridade dos respondentes da pesquisa Datafolha mencionada: ele é maior à medida que o nível educacional aumenta. Um dado que chama a atenção no gráfico é que cidadãos analfabetos ou com o fundamental completo e incompleto utilizam bem menos as três plataformas: cerca de 40% o WhatsApp, um número um pouco menor o Facebook e muito poucos (cerca de 5%) o Twitter.

Saber o número de usuários não nos ajuda a responder em que medida as redes sociais foram realmente decisivas para a vitória de Bolsonaro, mas podemos explorar a relação entre o uso das plataformas e o voto para presidente. Será que cidadãos

Gráfico 19. Uso de redes sociais entre os eleitores (2018), segundo a escolaridade

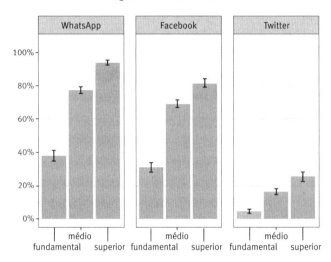

O gráfico mostra o percentual (barras) e as margens de erro (linhas verticais na parte superior das barras) de eleitores que eram usuários do WhatsApp, Facebook e Twitter, conforme a escolaridade, estando os níveis educacionais agrupados da seguinte maneira: "fundamental" abarca desde analfabetos até respondentes com o ensino fundamental completo, "médio" abarca respondentes com o ensino médio completo ou incompleto e "superior" abarca respondentes com o ensino superior completo ou incompleto. A fonte de dados brutos é a pesquisa Datafolha (2/10/2018).

que utilizam as redes têm maior probabilidade de votar em Bolsonaro quando comparados com aqueles que não utilizam? A pesquisa do Datafolha citada foi realizada antes do primeiro turno, portanto o cenário de um segundo turno entre Bolsonaro e Haddad ainda era uma das hipóteses possíveis. Optei por usar os dados da simulação do segundo turno para manter o mesmo padrão de análise dos capítulos anteriores, com a exclusão dos indecisos e dos que disseram que votariam em branco ou anulariam o voto.

Como vemos no Gráfico 20, entre os usuários das três redes sociais, Bolsonaro foi o mais votado (com patamares semelhantes). Em contraste, Haddad foi o vencedor entre os eleitores que não usavam o WhatsApp e o Facebook. Entre os que não usam o Twitter, os dois candidatos tiveram um desempenho semelhante. Embora esses dados não nos permitam responder à pergunta mais importante ("As redes sociais foram fundamentais para a vitória de Bolsonaro?"), eles são convergentes com a avaliação geral de que o candidato do PSL dominou o debate nessas plataformas.

Vimos que cidadãos com educação fundamental usam muito menos as redes sociais e que nesse grupo está um nú-

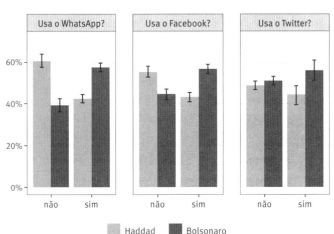

GRÁFICO 20. Relação entre uso de redes sociais e intenção de voto, segundo turno (2018)

O gráfico mostra o percentual (barras) e as margens de erro (linhas verticais na parte superior das barras) de eleitores usuários (ou não) do WhatsApp, Facebook e Twitter, segundo a intenção de voto para presidente. A fonte de dados brutos foi pesquisa Datafolha (2/10/2018) referente ao cenário em que Bolsonaro e Haddad disputariam o segundo turno.

mero significativo de eleitores de Haddad. Vimos ainda que eleitores mais escolarizados preferem Bolsonaro e também usam mais as redes sociais. Será que as diferenças que aparecem no Gráfico 20 não seriam explicadas simplesmente pela justaposição das mesmas características? Por isso, vale a pena observar se as diferenças na preferência pelos candidatos se mantêm quando a educação é levada em conta.

O Gráfico 21 mostra o percentual de usuários ou não de WhatsApp entre os eleitorados de Bolsonaro e Haddad (segundo turno), considerando agora o nível educacional dos eleitores. A probabilidade de as pessoas com ensino médio e

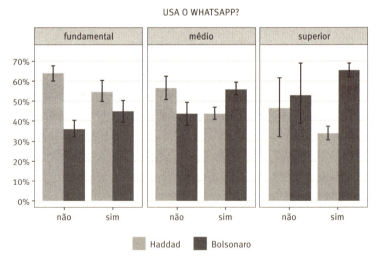

GRÁFICO 21. Relação entre uso do WhatsApp, escolaridade e intenção de voto para presidente, segundo turno (2018)

O gráfico mostra o percentual (barras) e as margens de erro (linhas verticais na parte superior das barras) de eleitores usuários (ou não) do WhatsApp, segundo escolaridade e a intenção de voto para presidente. A fonte de dados brutos foi pesquisa Datafolha (2/10/2018) referente ao cenário em que Bolsonaro e Haddad disputariam o segundo turno.

As redes sociais 99

superior que usam o aplicativo votarem em Bolsonaro é realmente maior; já entre os eleitores com educação fundamental que usam o WhatsApp, Haddad é o preferido. Quem não usa o WhatsApp nas faixas de ensino médio e fundamental prefere majoritariamente Haddad. Como o número de eleitores de curso superior que não usam WhatsApp é reduzido, a margem de erro da estimativa é alta, por isso não temos segurança para falar desse segmento.

Ao longo da década de 2010, Bolsonaro começou uma nova fase de sua carreira política, quando ele deixou de ser um apagado e exótico parlamentar de baixo clero para vencer uma eleição presidencial com 55% dos votos no segundo turno. Esse foi também o período de maior expansão no país do smartphone e da banda larga, bem como do crescimento das redes sociais, particularmente do WhatsApp (aplicativo que, conforme enfatizamos, incorporou eleitores de baixa renda e escolaridade ao mundo digital num nível muito mais amplo do que as redes sociais anteriores). Olhando retrospectivamente, é possível dizer que os dois processos estão associados. Como veremos nos próximos capítulos, o bolsonarismo tem um forte componente urbano e metropolitano. Os moradores das grandes cidades, em média mais escolarizados e com amplo acesso às redes sociais, constituíram a base de apoio de sua vitória.

8. Regiões e estados

"Não precisa conhecer esse aí do nome em inglês. Quando a gente apertar o número de Lula na urna, aparece na foto. Aí eu falo: 'prazer, Adraike'." A frase foi dita pelo agricultor Severino Marques da Costa, morador de Calumbi, uma cidade de 6 mil habitantes do sertão de Pernambuco. Ela foi reproduzida numa das melhores reportagens feitas durante a campanha de 2018, que mostrou como os eleitores de um tradicional reduto petista ainda desconheciam e tinham dificuldades de memorizar o nome do candidato que substituíra Lula na disputa presidencial. O sobrenome Haddad ganhava ainda outras variações na fala dos eleitores: "Adauto, Andrade, Alade e Radarde".[1]

A estratégia do PT de repetir insistentemente o bordão "Haddad é Lula e Lula é Haddad" deu certo. O candidato do PT teve uma excelente votação nas pequenas cidades da região Nordeste, maior reduto do partido, onde residem os eleitores de menor renda e escolaridade do país. Uma característica do processo de votação brasileiro, provavelmente, facilitou o voto petista: os eleitores não precisam memorizar (nem escrever) o nome do candidato na urna eletrônica. Para votar no Brasil digita-se apenas o número do candidato ou partido. Para presidente são apenas dois dígitos, e o número do PT (o 13) é muito difundido na região.

Em países federalistas como os Estados Unidos, a Alemanha e o Brasil, o estado é uma unidade eleitoral por excelência. No

Regiões e estados

Brasil, dos sete cargos do Executivo e do Legislativo ocupados por intermédio de votação direta, quatro são eleitos em âmbito estadual: senador, deputado federal, governador e deputado estadual. Ou seja, excluindo os vereadores, os prefeitos e o presidente, todos os candidatos fazem campanha nos estados (o Distrito Federal tem o mesmo status eleitoral dos estados).

Nas disputas para presidente tem sido comum que lideranças (particularmente alguns ex-governadores) transformem seus estados em redutos eleitorais. Quando se candidatou à presidência em 1989, Leonel Brizola já havia sido governador do Rio Grande do Sul (1959-63) e do Rio de Janeiro (1983-87); nos dois estados ele obteve suas maiores votações: respectivamente 61% e 50%. O mesmo aconteceria com Ciro Gomes, que em 1998, quando concorreu para presidente pela primeira vez, obteve sua maior votação (27%) no Ceará, estado que ele havia governado entre 1991 e 1994. Um último exemplo é Anthony Garotinho: eleito governador do Rio de Janeiro em 1998, ele abandonou o cargo antes do final do mandato, justamente para concorrer à presidência em 2002; no estado, ele conquistou a sua maior votação (40%).

Regiões

No Brasil, a região é uma unidade artificial. Para fins de planejamento os estados e o Distrito Federal são agregados em certas unidades, mas estas não existem como unidades políticas *stricto sensu*. Há uma dimensão de contiguidade territorial e posicionamento espacial (Norte–Sul, por exemplo) na alocação de um estado em uma determinada região, mas há uma dose residual de arbitrariedade. O estado de Goiás, por exemplo, pertencia à região Centro-Oeste até 1988, quando foi desmembrado em dois pela nova Constituição: uma parte virou o novo estado de Tocantins, que foi incorporado à região Norte, enquanto a área remanescente permaneceu no Centro-Oeste.

Em que pese a centralidade dos estados como unidade política, a partir das eleições presidenciais de 2006 uma região do país passou a ser usada para designar o reduto de um partido: o Nordeste e o PT. Foram seis turnos de vitórias avassaladoras, nas disputas para presidente de 2006, 2010 e 2014. No segundo turno de 2006, Lula recebeu 78% dos votos válidos do Nordeste — o maior percentual alcançado por um candidato, em quaisquer das regiões, na história das eleições presidenciais brasileiras.[2]

No segundo turno de 2018, Bolsonaro ganhou com folga nas regiões Sudeste, Sul e Centro-Oeste; nas três, Aécio já havia vencido em 2014, mas com uma votação bem inferior, como mostra o Gráfico 22. Na região Norte, também um tradicional reduto petista entre 2002 e 2014, o candidato do PSL conseguiu chegar em primeiro lugar por uma pequena margem. No Nordeste, porém, o PT venceu, mantendo o mesmo percentual de votos válidos de eleições anteriores (em torno de sete em cada dez votos válidos). A onda de votos pró-Bolsonaro não conseguiu invadir a cidadela petista.

De 2006 a 2014, o PT venceu estando à frente do governo federal, podendo assim reivindicar os créditos pelos grandes investimentos feitos na região e, sobretudo, pela implementação do Programa Bolsa Família. Em 2018, além de não estar no governo, o partido lançou um candidato pouco conhecido nacionalmente e que ainda por cima não pôde contar com a presença de Lula

GRÁFICO 22. Percentual de votos para presidente, por partido e por região, segundo turno (2010-2018)

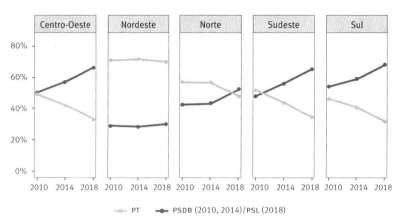

PT ▬▬ PSDB (2010, 2014)/PSL (2018)

O gráfico mostra o percentual de votos válidos dos candidatos concorrentes no segundo turno das eleições presidenciais realizadas em 2010, 2014 e 2018. A fonte dos dados brutos é a estatística oficial divulgada pelo TSE.

em seu palanque como Dilma contou em 2010. Nessa perspectiva, a votação obtida pelo partido na região é um feito ainda maior.

Se observarmos o total de votos válidos no segundo turno em cada região, fica mais claro o impacto de cada uma delas sobre a votação dos candidatos em âmbito nacional. Em 2014, 105,3 milhões de eleitores votaram ou no PSDB, ou no PT. Quatro anos depois, o número foi praticamente o mesmo (104,8 milhões). Essa coincidência nos ajuda a entender as principais mudanças entre os dois pleitos, mostradas no Gráfico 23. O Nordeste e o Sudeste chamam a atenção por conta do grande volume de eleitores.

No Nordeste, o quadro é muito semelhante nas duas eleições: no segundo turno de 2014, Dilma (PT) obteve 12,2 milhões de votos a mais do que Aécio (PSDB) na região, e quatro anos depois a diferença pró-Haddad chegou a 11,5 milhões. No Sudeste, Aécio já tinha vencido o PT por larga margem (5 milhões de votos à frente) em 2014, mas Bolsonaro ampliou essa vantagem para 13,3 milhões; ou seja, somente com a votação no Sudeste Bolsonaro já foi capaz de superar a vantagem que o PT conquistou em seu reduto.

Grosso modo, podemos dizer que em 2014 a vitória do PT aconteceu porque o volume de votos no Nordeste compensou a derrota que o partido sofreu nas regiões Sul e Sudeste. Em 2018, a margem de vitória de Haddad no Nordeste se manteve no mesmo nível, mas, em contraste, Bolsonaro aumentou expressivamente a votação em todas as demais regiões, particularmente, no Sudeste e no Sul.

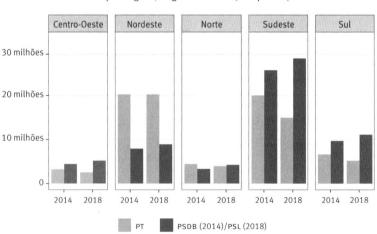

GRÁFICO 23. Total de votos para presidente, por partido e por região, segundo turno (2014-2018)

O gráfico mostra o total de votos válidos dos concorrentes no segundo turno das eleições presidenciais realizadas em 2014 e 2018. A fonte dos dados brutos é a estatística oficial divulgada pelo TSE.

Estados

A estratégia da campanha de Jair Bolsonaro de privilegiar uma comunicação difusa via redes sociais fez com que a dimensão territorial fosse para ele menos importante do que havia sido para outros candidatos competitivos em campanhas anteriores. Um eleitor residente em qualquer cidade do país conectado à internet poderia receber uma mensagem do candidato via WhatsApp, ou assistir a uma *live* dele no Facebook. Como vimos no capítulo anterior, os limites para a difusão da propaganda bolsonarista eram os eleitores ainda não conectados à internet, sobretudo, os residentes nas pequenas cidades, os de baixa renda e os cidadãos mais velhos.

Bolsonaro se filiou ao PSL sete meses antes da eleição. Os dirigentes do "novo" PSL tiveram apenas um mês para atrair pessoas para poderem concorrer aos vários cargos em disputa nas eleições de 2018. Nos três maiores estados da federação (Rio de Janeiro, São Paulo e Minas Gerais) havia somente um deputado federal (Eduardo Bolsonaro, SP) com algum destaque tentando a reeleição na lista de nomes apresentados pelo PSL à Câmara dos Deputados. A nominata do partido foi composta basicamente por pessoas que disputavam uma eleição pela primeira vez, muitas delas oriundas do meio militar ou que conseguiram alguma notabilidade justamente por terem se tornado grandes apoiadores de Bolsonaro nas redes sociais.[3]

Segundo a sabedoria da elite política brasileira, para um candidato vencer uma eleição presidencial ele precisaria contar com apoio de partidos e lideranças em estados (preferencialmente nos maiores), que viabilizariam sua campanha naquela unidade da federação. Na linguagem do meio político, um candidato a presidente necessita "montar os palanques estaduais". Concorrendo pelo PSL — um micropartido que havia elegido apenas um único deputado federal em quatro das cinco eleições que disputou — e sem fazer aliança com outros partidos relevantes, Bolsonaro ignorou a ideia das redes estaduais de apoio. O seu desempenho no primeiro turno acabaria produzindo um efeito contrário: no segundo turno, candidatos a governador de diversos partidos procuraram se apresentar como "o candidato do Bolsonaro"; esse foi o caso, como vimos, de João Doria (PSDB-SP), Romeu Zema (Novo-MG) e Wilson Witzel (PSC-RJ).

O Gráfico 24 mostra o resultado do segundo turno nas três últimas eleições presidenciais em todas as unidades da federação; os estados estão dispostos em ordem alfabética. Em nove dos dez maiores estados — onde reside 70% da população —, Bolsonaro superou o percentual de votos obtidos por Aécio Neves, do PSDB, em 2014. Em que pese o crescimento do candidato adversário ao PT em quase todas as unidades da federação (as exceções são a Paraíba e a Bahia), somente no Rio de Janeiro e em Minas Gerais houve uma inversão significativa nas posições que os partidos ocupavam nas disputas anteriores. Entre 2002 e 2014 o PT foi vitorioso no segundo turno nos dois estados, e por isso a vitória de Bolsonaro em ambos foi tão importante para seu sucesso em âmbito nacional.

No Rio de Janeiro, Bolsonaro obteve 66% dos votos válidos no segundo turno, chegando na frente em 89 das 92 cidades e perdendo em apenas três pequenos municípios. Desde 1994 um candidato de direita não vencia uma eleição presidencial no estado. Comparativamente às eleições de 2014, o Rio de Janeiro foi o estado onde o PT mais encolheu (o partido perdeu

Regiões e estados

GRÁFICO 24. Percentual de votos para presidente por unidade da federação, segundo turno (2010-2018)

O gráfico mostra a proporção de votos válidos dos concorrentes no segundo turno das eleições presidenciais realizadas em 2010, 2014 e 2018. Os dados brutos foram obtidos na estatística oficial divulgada pelo TSE.

23 pontos percentuais). O fato de Bolsonaro ter feito sua carreira nesse estado, somado à crise de corrupção que afetou o PMDB, o maior partido fluminense — com a prisão de suas principais lideranças por causa da investigação da Operação Lava Jato —, acabou criando um ambiente propício ao discurso contra a política tradicional mobilizado pelo candidato do PSL.

Na capital, ele só perdeu em uma zona eleitoral (Laranjeiras). A novidade é que além dos bairros em que os candidatos de direita tradicionalmente vencem, como Copacabana, Bolsonaro foi vitorioso nas favelas e bairros populares, áreas em que os candidatos do PT à presidência eram majoritários no segundo turno desde 2002. Também na capital, nenhum candidato à presidência teve uma votação tão bem distribuída no território como a de Bolsonaro no segundo turno de 2018. (O melhor resumo do que foi a vitória de Bolsonaro na cidade do Rio de Janeiro eu ouvi de um porteiro, que há décadas trabalha em um mesmo prédio em um bairro de classe média alta: "Essa é a primeira eleição em que praticamente todos os moradores e os porteiros votaram no mesmo candidato".)

A vitória de Bolsonaro em Minas Gerais também foi significativa. O estado se transformou em um reduto do PT nas eleições presidenciais do período de 2002 a 2014, quando o partido conseguiu ser o mais votado nos oito turnos disputados. Talvez, por essa razão, a ex-presidente Dilma Rousseff, petista, tenha escolhido se candidatar a uma vaga ao Senado justamente por Minas Gerais. Mas o resultado das urnas foi terrível para o partido: o governador Fernando Pimentel, que tentava a reeleição, nem sequer foi para o segundo turno, Dilma foi derrotada para o Senado e Bolsonaro venceu nos dois turnos, com 48% dos votos no primeiro e 58% no segundo turno.

Em São Paulo, Bolsonaro já havia vencido o primeiro turno, com 53% dos votos, bem à frente de Geraldo Alckmin (PSDB), que deixou o cargo de governador em abril de 2018 justamente para concorrer à presidência. Alckmin obteve apenas 10% dos votos em seu estado natal, votação muito inferior à que Aécio havia obtido (44%) em 2014. Bolsonaro conquistou, ainda no primeiro turno, mais da metade dos votos no reduto mais importante do PSDB, mesmo concorrendo contra um candidato com longa e destacada carreira no estado.

Dois dados mostram o excelente desempenho de Bolsonaro no estado de São Paulo. O primeiro é que no segundo turno ele conquistou a maior votação que um candidato a presidente já obteve no estado desde a redemocratização, superando até mesmo o percentual obtido por Fernando Henrique, José Serra e Alckmin (candidatos do PSDB radicados em São Paulo). O segundo foi o sucesso do PSL na disputa para a Câmara dos Deputados, a Assembleia Legislativa e o Senado (com a eleição do Major Olímpio), que mostra que já no primeiro turno o bolsonarismo foi um amplo fenômeno eleitoral no maior estado da federação.

Nos três estados somados, Bolsonaro abriu uma ampla vantagem (12,8 milhões de votos) em relação a Haddad no segundo turno. A diferença foi a seguinte: 8,1 milhões em São Paulo, 3 milhões no Rio de Janeiro e 1,7 milhão em Minas Gerais. Vale relembrar que no Nordeste Haddad chegou com 11,5 milhões de votos a mais; portanto, somente nos três maiores colégios eleitorais do Brasil Bolsonaro já conseguiria superar essa ampla vantagem conquistada pelo PT.

A rigor, Bolsonaro poderia ter vencido as eleições presidenciais e os candidatos do PSL que concorreram a outros cargos no nível estadual poderiam ter se saído mal nas urnas. Afinal, os nomes apresentados pela legenda eram relativamente desconhecidos, tiveram pouquíssimo tempo no horário eleitoral e receberam parcos recursos do Fundo Eleitoral.[4] Mas não foi o que aconteceu. Um dos resultados mais impressionantes produzidos pela onda bolsonarista em 2018 foi o desempenho do PSL nas eleições para a Câmara dos Deputados. Não há precedente na história das eleições brasileiras de um candidato a presidente que tenha conseguido transferir seu prestígio para tantos candidatos que disputavam outros cargos. Para se ter um termo de comparação, em 2002, quando Lula venceu pela primeira vez, o PT obteve 18,4% dos votos para a Câmara. O partido já existia há quase duas décadas e na eleição anterior (1998) havia obtido 13,2% dos votos; ou seja, a vitória de Lula significou um incremento de apenas cinco pontos percentuais na votação do PT para deputado federal. Em 2018, o PSL foi o partido mais votado para a Câmara, com 11,3 % (o PT foi o segundo, com 10,4%); uma votação expressiva, sobretudo, para uma legenda que praticamente saía do zero (0,9% dos votos em 2014).

BOLSONARO FOI DEPUTADO FEDERAL por 28 anos. Na maioria de suas fotos publicadas no plenário da Câmara dos Deputados ele está sozinho. Em fevereiro de 2017, já em pré-campanha para o governo federal, ele se candidatou à presidência da Câmara. Recebeu quatro votos, contando o seu próprio. Isso mesmo: pouco mais de um ano antes de sua vitória, o futuro presidente da República recebeu o apoio de apenas três colegas numa eleição para presidir a Câmara dos Deputados.[5] Quem imaginaria que, em 2018, muitas lideranças políticas estaduais, algumas com décadas de atuação, perderiam seus mandatos por conta da onda de opinião pública protagonizada por Bolsonaro?

9. Municípios

No dia 5 de abril de 2018, o juiz Sergio Moro, da 13ª Vara Federal de Curitiba, expediu a ordem de prisão de Luiz Inácio Lula da Silva, no âmbito da Operação Lava Jato. Logo depois que soube da notícia, Lula se deslocou para o Sindicato de Metalúrgicos de São Bernardo do Campo e Diadema, onde passaria os dois dias seguintes. O gesto fez sentido para quem conhece a sua biografia. Lula foi presidente do sindicato por seis anos (1975-81) e nesse período liderou as grandes greves da categoria, em 1978, 1979 e 1980. Os dirigentes do sindicato seriam ainda personagens decisivos na formação do PT e da Central Única dos Trabalhadores (CUT).

São Bernardo do Campo é uma cidade da região metropolitana do estado de São Paulo, que em 2018 tinha cerca de 830 mil habitantes, segundo estimativa do IBGE. Nas três primeiras eleições presidenciais que disputou (1989, 1994, 1998), Lula foi muito bem votado no município. No segundo turno das eleições de 2002, quando venceu pela primeira vez, ele obteve 69% dos votos válidos. Dezesseis anos depois, Jair Bolsonaro obteria 60% dos votos do município, derrotando o candidato do PT.

Assim como São Bernardo do Campo, Volta Redonda, cidade situada na região Sul do estado do Rio de Janeiro, com cerca de 270 mil habitantes, foi um centro do movimento sindical nas décadas de 1980 e 1990 e reduto eleitoral de partidos de esquerda (PT e PDT). No segundo turno das eleições de 2002, Lula obteve 84% de votos no município. Desde então, a votação do PT vem encolhendo a cada eleição presidencial. Em 2018, Bolsonaro foi vitorioso na disputa do segundo turno, recebendo 64% dos votos.

O mesmo processo (declínio eleitoral do PT e crescimento dos seus adversários) também se verificaria em outras grandes cidades brasileiras ao longo dos dezesseis anos que separam a primeira vitória do PT nas eleições presidenciais da conquista da presidência por Jair Bolsonaro, em 2018. A votação expressiva do candidato do PSL nas cidades de maior população acabou empurrando o PT para patamares de votos semelhantes aos que o PSDB recebeu em 2002, consolidando uma importante inversão nas bases eleitorais das principais forças políticas do país.

População e voto

Um fato conhecido sobre a população brasileira é que sua distribuição pelo território é bastante assimétrica. Um número expressivo de brasileiros reside em poucas cidades. Em contraste, existem milhares de cidades habitadas por um pequeno número de pessoas. Esse padrão pode ser observado quando os municípios são segmentados por faixa de população. Dividi os 5565 municípios brasileiros em cinco faixas, de acordo com dados do último censo demográfico disponível (2010). As faixas, com o total de cidades em cada uma delas, são as seguintes:

até 20 mil habitantes (3914 cidades); acima de 20 mil até 50 mil (1043 cidades); acima de 50 mil até 150 mil (431 cidades); acima de 150 mil até 500 mil (139 cidades); acima de 500 mil (38 cidades).

O Gráfico 25 mostra o percentual de votos válidos obtidos pelos partidos no segundo turno das eleições de 2010, 2014 e 2018, de acordo com as cinco faixas em que os municípios foram divididos. A votação dos candidatos do PT à presidência vem encolhendo de maneira constante em todas as faixas, mas o partido manteve o domínio nas pequenas cidades (com até 50 mil habitantes). Em contraste, a votação de Aécio já havia crescido em 2014 em relação à obtida por José Serra em 2010; e o grande salto acontece em 2018, com a vitória expressiva de Bolsonaro nas cidades mais populosas.

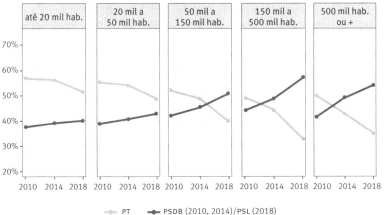

GRÁFICO 25. Percentual de votos para presidente por tamanho de cidade, segundo turno (2010-2018)

O gráfico mostra a proporção de votos válidos de cada concorrente no segundo turno das eleições presidenciais realizadas em 2010, 2014 e 2018. As cidades foram segmentadas em faixas de população, segundo os dados do Censo Demográfico de 2010. Os dados eleitorais brutos foram obtidos na estatística oficial divulgada pelo TSE.

O percentual da população nacional que cada faixa de cidades representa varia, é claro. Nas cidades de até 20 mil moradores, por exemplo, reside 18% da população; nas cidades com mais de 500 mil habitantes moram 30%. Por isso, para saber qual foi o peso de cada segmento para a votação nacional de um candidato, o melhor é olharmos os votos absolutos. Como as regiões têm sido um fator importante nas últimas eleições presidenciais, elas foram incluídas na análise (Gráfico 26).

Como já havíamos visto no capítulo 8, Haddad abriu uma grande vantagem no Nordeste. O Gráfico 26 nos mostra que grande parte dessa vantagem se deve aos votos conquistados nas pequenas cidades da região. Haddad também venceu nas três faixas de menor população da região Norte, mas essa vantagem contaria pouco para a sua votação em âmbito nacional. O gráfico revela ainda que a vitória do PT nas cidades pequenas (até 50 mil habitantes) é explicada pelo desempenho no Nordeste, pois Haddad perdeu nas pequenas cidades das regiões Sudeste, Sul e Centro-Oeste. Em contraste, chamo a atenção para a ampla diferença pró-Bolsonaro nas grandes cidades do Sudeste, em especial nas duas faixas com maior população.

O candidato do PSL teve ampla votação no território nacional, mas ele foi, sobretudo, um fenômeno eleitoral das grandes cidades e regiões metropolitanas, como já comentamos. O Gráfico 27 mostra o percentual de votos válidos, em ordem decrescente, obtidos por Bolsonaro nos 38 municípios com mais de 500 mil habitantes (a seleção foi feita com a população do Censo de 2010). Ele venceu em trinta dessas cidades, entre elas São Paulo, Rio de Janeiro, Belo Horizonte, Porto Alegre e Belém. A proporção de votos obtidos por Haddad é a diferença

Municípios

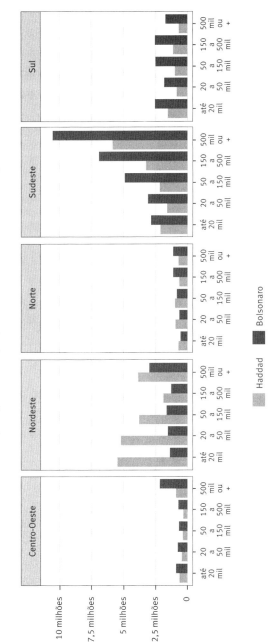

GRÁFICO 26. Total de votos para presidente por partido e tamanho de cidade, segundo turno (2018)

O gráfico mostra a proporção de votos válidos de cada concorrente no segundo turno das eleições presidenciais realizadas em 2010, 2014 e 2018. As cidades foram segmentadas em faixas de população, segundo os dados do Censo Demográfico de 2010. Os dados eleitorais brutos foram obtidos na estatística oficial divulgada pelo TSE.

GRÁFICO 27. Percentual de voto em Bolsonaro nos 38 municípios com mais de 500 mil habitantes, segundo turno (2018)

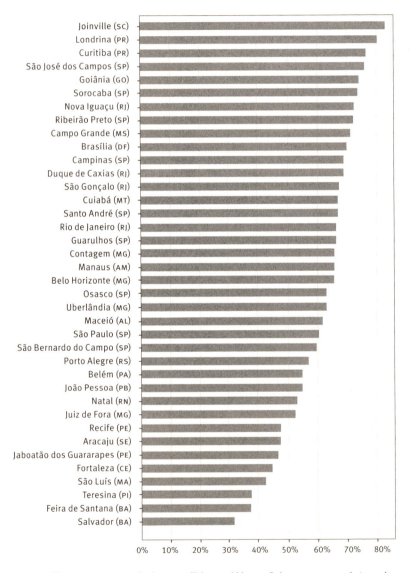

O gráfico mostra a proporção de votos válidos recebidos por Bolsonaro no segundo turno das eleições presidenciais de 2018. As cidades foram selecionadas a partir dos dados do Censo de 2010. Os dados eleitorais brutos foram obtidos na estatística oficial divulgada pelo TSE.

entre 100% e a votação de Bolsonaro; por isso, nos casos em que Bolsonaro aparece abaixo da linha de 50%, o candidato do PT é o vitorioso. Isso aconteceu em oito municípios, entre eles as três capitais dos estados mais populosos do Nordeste (Salvador, Fortaleza e Recife).

Municípios, escolaridade e voto

No capítulo 2 observamos que a escolaridade foi um fator importante para diferenciar eleitores do PT e do PSL no segundo turno de 2018. Também os municípios se diferenciam de acordo com o seu perfil educacional. Algumas cidades universitárias, por exemplo, têm alto contingente de eleitores com curso superior. Em contraste, em alguns municípios nordestinos o contingente de eleitores analfabetos é expressivo. Os últimos dados disponíveis com um perfil de escolaridade dos moradores de todos os municípios brasileiros foram apurados pelo censo demográfico de 2010. Vimos que o nível escolar do eleitorado tem mudado muito rapidamente, com o aumento da proporção de eleitores de ensino médio e a redução do volume de analfabetos e dos que frequentaram poucos anos da escola. Isso impacta na composição global da escolaridade de um município.

Será que existe alguma relação entre o grau de escolaridade em âmbito municipal e a votação para presidente em 2018? Para responder à pergunta optei por usar o percentual de analfabetos na população com dezoito anos ou mais.[1] No Gráfico 28, o eixo horizontal marca os percentuais de eleitores analfabetos no segundo turno, enquanto o eixo vertical indica as faixas percentuais de votos no PSL; e cada círculo representa um município.

Como o percentual de votos é calculado sobre os votos válidos, os municípios que aparecem acima da linha horizontal de 50% são aqueles em que Bolsonaro venceu; nas cidades que aparecem abaixo dessa linha Haddad foi o vitorioso.

O Gráfico 28 revela um padrão claro: à medida que a taxa de analfabetismo adulto aumenta, a votação de Bolsonaro tende a diminuir. Se fixarmos o olhar nas cidades com menos de 10% de analfabetos, observamos uma nuvem adensada acima de 50% e poucos círculos abaixo. Se fizermos o mesmo exercício, agora fixando olhar nas cidades com mais de 20% de analfabetos, veremos que a votação de Bolsonaro tende a ficar abaixo da linha; ou seja, são municípios onde Haddad foi vitorioso.

GRÁFICO 28. Analfabetismo adulto e voto em Bolsonaro, segundo turno (2018)

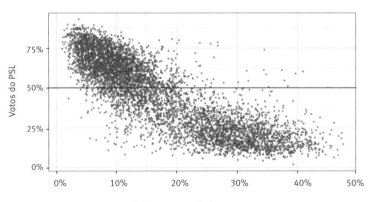

Analfabetos na população com 18 anos ou +

O gráfico mostra a relação entre o percentual de analfabetos nas cidades brasileiras e o percentual de votos recebidos por Bolsonaro no segundo turno de 2018. Cada círculo representa uma cidade. Os dados brutos relativos ao analfabetismo foram retirados do Censo Demográfico de 2010 e os dados eleitorais brutos foram obtidos na estatística oficial divulgada pelo TSE.

Município

É muito frequente ouvirmos comparações entre a vitória de Bolsonaro e a de Donald Trump para a presidência dos Estados Unidos em 2016. Ambos os candidatos fazem parte de uma onda de chefes de Estado de direita que ascenderam ao poder na segunda metade dos anos 2010, com um discurso contra a política tradicional e, em muitos casos, antidemocrático.[2] Mas, se compararmos o padrão geográfico do voto, existe uma diferença importante entre os dois. Nas eleições presidenciais americanas de 2016, Trump teve uma votação maior nos municípios menos escolarizados, enquanto sua adversária, Hillary Clinton, ganhou onde residem os eleitores de alta escolaridade[3] — justamente o inverso do que aconteceu no Brasil, onde Haddad venceu nos municípios menos escolarizados.

Nas eleições que disputou ao longo dos anos 1980 e 1990, o PT tinha um padrão de votação no território que seguia o dos partidos social-democratas e trabalhistas da Europa: a votação era maior nas grandes cidades, nos centros mais dinâmicos em termos culturais e com maior concentração de operários fabris e de uma classe média universitária. O ápice desse padrão se deu no segundo turno das eleições de 2002, quando Lula obteve 64% dos votos dos eleitores das cidades com mais de 500 mil eleitores. Entre 2002 e 2014, nas eleições que o PT disputou quando governava o país, a votação do partido foi paulatinamente mudando: cresceu nas cidades mais pobres e com menor população e encolheu nas maiores cidades.

A expressiva votação obtida por Bolsonaro nos municípios de maior população é um dos aspectos mais importantes de sua vitória. Em 2014, o PSDB já havia vencido nas cidades com mais de 500 mil habitantes, mas Bolsonaro aprofunda esse padrão ganhando por larga margem em grandes centros urbanos de todo o país (com exceção do Nordeste, onde conquistou poucas cidades). Nas três vitórias prévias de candidatos de direita (1989, 1994 e 1998), o voto urbano estava dividido por conta da força do PT. A magnitude da vitória de Bolsonaro nas grandes cidades brasileiras é um feito histórico, nunca alcançado por outros candidatos de direita antes dele.

Considerações finais

QUANDO COMECEI A ESCREVER este livro, me lembrei da anedota do sujeito que está debaixo de um poste de luz procurando algo. Quando é perguntado o que está fazendo ali, ele responde: "Estou procurando as minhas chaves; como só tem luz aqui, é aqui que eu estou procurando". Ao optar por usar extensivamente estatísticas oficiais e dados de pesquisas de opinião, eu sabia que corria o mesmo risco. A eleição de Bolsonaro é composta pela combinação de tantos fatores — e eu sob o poste de luz das evidências quantitativas.

Uma série de aspectos ficou de fora da análise simplesmente porque não temos dados sólidos sobre eles. Por exemplo, se dispuséssemos de uma pesquisa eleitoral com uma amostra maior, poderíamos perceber as nuances das preferências eleitorais de algumas denominações evangélicas ou mesmo de um grupo religioso relevante no meio urbano (espíritas kardecistas, digamos). Também senti falta, nas pesquisas, de mais perguntas sobre valores e atitudes no campo comportamental. Nos Estados Unidos, os pesquisadores têm ao seu dispor dezenas de pesquisas realizadas em âmbito estadual, que permitem observar como a dimensão territorial influencia a escolha do eleitor. Não temos nada semelhante para o Brasil.

Muitos estudos sobre 2018 utilizaram método qualitativos (entrevistas, grupos focais, análise de vídeos). Mas, além da dificuldade de ter acesso aos dados dessas pesquisas, confesso que por falta de treinamento não me sinto à vontade para usá-las.

De todo modo, creio que este livro oferece alguns dados relevantes sobre o que se passou em 2018. Eis a lista dos que julgo mais significativos:

- A vitória de Jair Bolsonaro rompeu com um padrão observado em eleições anteriores, que se traduzia no que era apontado como as condições necessárias para alguém ser eleito presidente no Brasil: ter um expressivo volume de dinheiro para financiar a campanha; dispor de um tempo razoável de propaganda no horário eleitoral e conseguir montar os "palanques estaduais". Ele venceu com uma receita e um tempo de televisão que tradicionalmente um candidato a deputado federal tem ao seu dispor, e não contou com apoios de lideranças estaduais importantes.
- Bolsonaro foi o preferido nos três níveis de escolaridade que adotei para classificar os eleitores (fundamental, médio e superior). A novidade em relação a pleitos anteriores foi a derrota do PT entre eleitores de baixa e média escolaridade (o que não acontecia desde 2002), com destaque para este último segmento, no qual a diferença entre a votação de Bolsonaro e a de Fernando Haddad foi maior.
- Há um componente regional no voto dos menos escolarizados. O Nordeste concentra um contingente expressivo de eleitores de baixa escolaridade, sobretudo os analfabetos e os que passaram poucos anos na escola. Desde 2002, esses eleitores votam majoritariamente no PT. Isso aconteceu novamente nos dois turnos de 2018, mas Bolsonaro foi o preferido dos eleitores de baixa escolaridade que moram em outras regiões.

Considerações finais 123

- Os presidentes eleitos no Brasil sempre tiveram um percentual de votos semelhante entre homens e mulheres. Essa simetria não aconteceu em 2018. Bolsonaro teve maior apoio nos dois grupos, mas ele é sobretudo um candidato dos eleitores masculinos (foram mais de dez pontos percentuais em relação ao voto feminino). Em contraste, Haddad foi o candidato das mulheres, grupo no qual ele conquistou mais de dez pontos a mais de apoio.

- A preferência dos homens por Bolsonaro é mantida quando segmentamos o eleitorado segundo a escolaridade; ele tem um desempenho melhor em todas as faixas, mas com uma maior probabilidade de apoio entre os eleitores de ensino médio e superior. Entre as mulheres, há um equilíbrio entre preferência pelo candidato do PT ou do PSL nas faixas de baixa e alta escolaridade, e Bolsonaro tem um apoio mais expressivo entre as mulheres de escolaridade média.

- A idade não tem sido um fator importante para distinguir o voto nas eleições presidenciais brasileiras, e o mesmo aconteceu em 2018. Bolsonaro e Haddad obtiveram um percentual semelhante de apoio em todas as faixas etárias. A segmentação das faixas etárias por gênero, porém, mostra que Bolsonaro teve um desempenho melhor entres as mulheres mais velhas. Haddad foi o mais votado no segmento de mulheres entre dezesseis e 29 anos.

- Bolsonaro foi eleito com o apoio de cerca de 70% dos eleitores evangélicos; é o maior percentual já obtido junto a esse grupo por um candidato a presidente (desde 2002, pelo menos). Ele foi também o preferido entre os católicos, por uma margem menor devido a um fator regional: o Nordeste é a região do país que tem a maior proporção de católicos, e eles apoiaram majoritariamente o candidato do PT. Na região, a probabilidade de um evangélico votar em Bolsonaro foi menor do que em outras regiões.

- O antipetismo foi um dos temas centrais das eleições de 2018. Cerca de 10% do eleitorado se identifica com o partido, porém cerca de ⅓ o rejeita, com uma taxa maior entre os eleitores de curso superior. Mas o dado que chama a atenção é que metade dos eleitores não preferem nem rejeitam o partido. A probabilidade de voto para presidente vai na direção esperada: eleitores que preferem o PT votaram em massa em Haddad; eleitores que rejeitam o PT votaram, na quase totalidade, em Bolsonaro. Em 2018, ser antipetista significou ser bolsonarista.

- O domínio da televisão como o principal veículo de comunicação política começou nas eleições de 1982 e se manteve por quase quatro décadas no Brasil. Nas eleições de 2018, as redes sociais (particularmente o WhatsApp) foram a forma privilegiada de comunicação de Bolsonaro com o eleitorado. Os eleitores que usam as três redes em que o debate sobre temas políticos é mais frequente (Facebook, Twitter e WhatsApp) tiveram uma maior probabilidade de votar em Bolsonaro. Mas Haddad foi o preferido dos eleitores que não têm WhatsApp e Facebook (que tendem a ser menos escolarizados).

- A região Nordeste aparece como um dos fatores determinantes para a divisão dos eleitores brasileiros. Em que pese estar fora do governo federal (o que não acontecia desde 2006), o PT manteve o seu patamar de votos válidos no segundo turno nessa região (cerca de 70%). A vantagem de votos absolutos conquistada pelo PT no Nordeste tem sido expressiva, o que obriga os adversários a abrirem uma diferença de vo-

Considerações finais 125

tos no Sudeste para tentar anulá-la. Nenhum dos candidatos do PSDB entre 2002 e 2014 havia conseguido esse feito, mas Bolsonaro conseguiu.

- O sucesso do candidato do PSL deve-se em larga medida à sua grande votação nos três maiores estados da federação. Em São Paulo, Bolsonaro teve mais votos que todos os candidatos do PSDB que disputaram a presidência anteriormente; e enfatize-se que, com exceção de Aécio Neves, todos eles (Mario Covas, Fernando Henrique Cardoso, José Serra e Geraldo Alckmin) fizeram a carreira no estado. No Rio de Janeiro, foi o primeiro candidato de direita a vencer desde 1994. Em Minas Gerais, o PT ganhou oito turnos seguidos nas eleições presidenciais disputadas desde 2002. Por causa dessa dominância (e pela derrota de Dilma Rousseff, candidata do partido ao Senado pelo estado), a vitória de Bolsonaro em Minas Gerais talvez seja o resultado estadual de maior destaque em 2018.

- O bolsonarismo é, sobretudo, um fenômeno urbano. Nos municípios com maior população e escolaridade, ele teve um percentual de votos muito superior aos que os candidatos do PSDB haviam conquistado anteriormente. Em contraste, Haddad manteve o PT como o mais votado nas pequenas cidades, graças à grande votação conquistada no Nordeste. Em termos sociológicos, a expressiva vitória do candidato da direita nos centros urbanos, empurrando o PT para as pequenas cidades da região mais pobre do país, também merece destaque.

Optei por tratar cada um dos fatores que podem estar associados ao voto para presidente em capítulos separados. Mas o leitor deve ter percebido que, na prática, eles se conectam e, muitos deles, acabam se justapondo. Por exemplo, o Nordeste tem mais católicos e mais pessoas de baixa escolaridade e que vivem em pequenas cidades, e que por isso têm pouco acesso às redes sociais. Todas essas características aumentam a probabilidade de voto no PT. O raciocínio inverso pode ser feito em relação à votação de Bolsonaro nas grandes cidades da região Sudeste, que têm alto contingente de evangélicos, de pessoas com ensino médio e com a quase totalidade delas usando diariamente alguma rede social.

Olhar um caleidoscópio era algo fascinante para mim na infância. À medida que ele é rodado, novas formas e cores são mostradas ao nosso olhar. Foi dele que lembrei quando pensei numa imagem para resumir a minha empreitada aqui. Um caleidoscópio de dados que vão se misturando e que, espero, ofereça um quadro que tenha feito algum sentido para quem quer entender melhor o que se passou em 2018.

Anexo:
Nota metodológica sobre os gráficos

Os gráficos do livro foram elaborados a partir de dois tipos de dados. O primeiro tipo (macrodado) usa toda a população de casos como fonte; os resultados do Censo Demográfico e os dados eleitorais disponibilizados pelo TSE são exemplos desse tipo de dado. Para esses casos, utilizei, com poucas exceções, os gráficos de barra.

Um segundo tipo de dado é o derivado de pesquisas amostrais (microdado). As estimativas das pesquisas por amostra são sempre uma aproximação, e por isso é importante apresentar o grau de incerteza presente em cada uma delas. Nos gráficos derivados das pesquisas de opinião combinei as barras que mostram as estimativas com as respectivas margens de erro.

Os gráficos das pesquisas amostrais foram feitos seguindo o mesmo roteiro. Um primeiro passo é produzir um modelo de regressão logística binária para Bolsonaro, com duas variáveis independentes sempre combinadas por interação (no Gráfico 7, por exemplo, a interação é entre a escolaridade e a região). O mesmo procedimento é repetido para Haddad. A seguir, os resultados são transformados em probabilidades para serem, enfim, apresentados no gráfico. Em resumo, a figura comporta o resultado de dois modelos de regressão logística, um para cada candidato.

Os estudos eleitorais frequentemente utilizam um conjunto maior de variáveis nos modelos de regressão logística. Já existem três trabalhos que seguiram tal estratégia para analisar as eleições presidenciais brasileiras em 2018.[1] Os três apresentam as estimativas e não fizeram interações entre as variáveis. Desse modo, oferecem um quadro dos efeitos de uma variável, mantendo fixo o efeito de todas as outras. Imagine, por exemplo, um grupo de eleitores que têm a mesma escolaridade, moram na mesma região e são do mesmo gênero; quais as chances de que eles votem diferentemente, se compararmos os que são católicos com os que são evangélicos?

Como optei por trabalhar com diversos bancos de dados e priorizar as interações, produzi diferentes modelos combinando duas variáveis. Assim, a pergunta a ser respondida é um pouco diferente: dado que o eleitor é evangélico e mora no Nordeste, qual é a probabilidade de ele votar em Haddad?

Uma das dificuldades de usar mais variáveis independentes nos modelos é o número relativamente reduzido de casos das amostras de pesquisa de opinião (geralmente entre mil e 3 mil respondentes). Qual é a probabilidade de uma mulher evangélica moradora do Sul ter votado em Bolsonaro? Como há um número reduzido de casos nesse segmento, as margens de erro são muito grandes, temos poucos elementos para responder à pergunta.

Uma última razão para trabalhar com modelos com duas variáveis é que os resultados podem ser apresentados por intermédio de gráficos. Lembre que a maioria dos gráficos do livro mostra informações de dois modelos estatísticos diferentes.

Notas

Introdução (pp. 7-17)

1. Entre as participações a que assisti, uma das mais reveladoras é no programa *Quebrando a Louça*, da Rede Gazeta, transmitido em 24 de maio de 2013. Disponível em: <https://www.youtube.com/watch?v=DtfGuuWGUdc>.
2. Nicolau, "O triunfo do bolsonarismo".
3. As citações entre aspas neste parágrafo vêm das declarações feitas no programa televisivo *Quebrando a Louça*. Ver nota 1.
4. Ao longo da campanha de 2018 escrevi alguns artigos, que foram publicados pelo site do Observatório das Eleições, sediado na UFMG (a homepage onde os textos foram publicados não está mais no ar). A ideia era sempre usar dados, de pesquisa de opinião e oficiais do TSE, para comentar o desenrolar dos eventos eleitorais, como também fiz aqui. Escrevi ainda um artigo para a revista *piauí*, em que relato minhas primeiras impressões sobre os resultados das eleições de 2018 (Nicolau, "O triunfo do bolsonarismo").
5. O número de artigos sobre diversas dimensões da ascensão de Bolsonaro é crescente, e muitos deles são fontes para os capítulos seguintes. Cinco livros tratam especificamente do tema. Na coletânea *Democracia em risco? 22 ensaios sobre o Brasil hoje* (vários autores), encontramos ensaios breves (quase nenhum com dados) que tratam de diferentes aspectos da vitória de Bolsonaro. Moura e Corbellini, em *A eleição disruptiva*, usam dados de pesquisa de opinião e pesquisas qualitativas para apontar alguns fatores que levaram à vitória de Bolsonaro. Pinheiro-Machado, em *Amanhã vai ser maior*, descreve, sobretudo a partir de pesquisas com grupos focais, alguns episódios da vida política brasileira desde 2013, sendo as eleições de 2018 um deles. Thaís Oyama, em *Tormenta: O governo Bolsonaro*, faz um relato jornalístico do primeiro ano do governo Bolsonaro, mas descreve alguns episódios dos bastidores da campanha eleitoral de 2018.

Cardoso, em *À beira do abismo*, desenvolve um argumento de longo prazo (a partir de 2013), com ênfase no papel da classe média, para descrever a expansão do bolsonarismo.

6. Exemplos de ensaios sobre o bolsonarismo: Nobre, *Ponto-final*; Silva, "Dentro do pesadelo"; e Avritzer, *Política e antipolítica*.

7. Por causa da decisão de fazer deste um livro relativamente curto, abri mão de um uso extensivo de referências bibliográficas. Cito alguns textos importantes que podem ajudar o leitor a se aprofundar em certos tópicos, mas optei por deixar de fora menções à extensa literatura sobre outras eleições realizadas no Brasil.

1. As regras e a evolução da campanha eleitoral (pp. 19-36)

1. O termo "centrão" foi usado pela primeira vez na Assembleia Constituinte de 1987-88 para designar um grupo de parlamentares de direita. Desde então, tem sido comum usar o termo para um conjunto de partidos e/ou lideranças específicas de centro-direita, os quais mudam ao longo do tempo.

2. Disponível em: <https://datafolha.folha.uol.com.br/eleicoes/2018/06/1971537-sem-lula-bolsonaro-so-e-superado-por-brancos-e-nulos.shtml>.

3. As negociações de Bolsonaro com diferentes partidos são descritas em Oyama, *Tormenta: o governo Bolsonaro*.

4. Esses valores constam da prestação de contas apresentadas pelos candidatos à Justiça Eleitoral. Existem denúncias de que a campanha de Bolsonaro teria usado recursos não declarados (caixa dois). Uma reportagem da *Folha de S.Paulo* mostrou que empresários que apoiavam Bolsonaro teriam contratado empresas para promover disparos em massa de notícias via WhatsApp. Esses gastos não foram declarados na prestação de contas de Jair Bolsonaro. Disponível em: <https://www1.folha.uol.com.br/poder/2018/10/empresarios-bancam-campanha-contra-o-pt-pelo-whatsapp.shtml>.

5. Para os dados das eleições de 2010 e 2014, ver Nicolau, "Os quatro fundamentos da competição política no Brasil (1994-2014)".

6. Disponível em: <http://media.folha.uol.com.br/datafolha/2018/08/22/dca656b8f2c41be5d125ec4e51b9e513.pdf>.

7. A linha de ajuste foi calculada usando a estatística loess.

8. A avaliação foi feita pelos pesquisadores Maurício Moura e Juliano Corbellini em *A eleição disruptiva*.

Notas 131

9. Outros autores (Moura e Corbellini, *A eleição disruptiva*; e Singer e Venturi, "Sismografia de um terremoto eleitoral") também avaliam que o fato de Bolsonaro ter ficado recluso teria sido fundamental para evitar o desgaste produzido pelo confronto com outros candidatos. Não é coincidência que haja algumas teorias da conspiração sobre o atentado que digam que ele foi uma "armação" da campanha do PSL justamente para o candidato não se desgastar nos debates. Como é comum em teorias do gênero, ela atribui intencionalidade à ação de um ator a partir dos efeitos dessa ação.

10. Bolsonaro participou dos debates na Rede Bandeirantes (9 de agosto) e na Rede TV (19 de agosto) e foi entrevistado no Jornal Nacional em 28 de agosto.

11. A ascensão de Wilson Witzel no Rio de Janeiro tem o mesmo componente de fenômeno de contágio de opinião pública sem que grande parte do eleitorado o conhecesse.

2. A escolaridade (pp. 37-52)

1. Sobre a relação entre escolaridade e atividade política: Burden, "The Dynamic Effects of Education on Voter Turnout"; e Hillygus, "The Missing Link".

2. Sobre a relação entre classe social e voto: Evans e Graaf, *Political choice matters*.

3. Disponível em: <https://www.economist.com/graphic-detail/2016/11/09/how-donald-trump-won-the-election>.

4. Disponível em: <https://yougov.co.uk/topics/politics/articles-reports/2019/12/17/how-britain-voted-2019-general-election>.

5. Cidadãos analfabetos nem sequer são cadastrados como eleitores, já que tanto o registro como o voto são facultativos para eles.

6. Sobre a história das políticas educacionais no Brasil: Kang, *Instituições, voz política e atraso educacional no Brasil, 1930-64* e *The Political Economy of Education Under Military Rule in Brazil, 1964-1985.*

7. Ver Síntese de indicadores sociais do IBGE, 2019, p. 85. Disponível em: <https://biblioteca.ibge.gov.br/visualizacao/livros/liv101678.pdf>.

8. A pesquisa do Eseb é feita por amostragem em todo o território nacional e coordenada por pesquisadores do Departamento de Ciência Política da Unicamp. Ela avalia as opiniões e as atitudes dos eleitores

em relação à política em geral e às eleições em particular. Para mais detalhes: <https://www.cesop.unicamp.br/por/eseb>.

9. Alguns trabalhos dimensionaram o efeito da escolaridade nas eleições presidenciais a partir de 2002. Ver, por exemplo: Amaral e Ribeiro, "Por que Dilma de novo? Uma análise exploratória do Estudo Eleitoral Brasileiro de 2014"; Nicolau, "An Analysis of the 2002 Presidential Elections Using Logistic Regression" e "Determinantes do voto no primeiro turno das eleições presidenciais brasileiras de 2010"; Peixoto e Rennó, "Mobilidade social ascendente e voto".

10. O gráfico foi produzido a partir de dois modelos de regressão logística, um para cada candidato. Para detalhes, ver o anexo com as fontes e metodologia.

11. Os meios de comunicação passaram a divulgar os resultados das pesquisas eleitorais usando a margem de erro. Mesmo assim, tendemos a olhar os dados como se eles tivessem a precisão de um censo: "o candidato X subiu dois pontos, passando de 12% para 14%"; "o partido Z lidera entre os eleitores de educação superior com 45% dos votos". Em todos os casos em que uso pesquisa por amostra (todas as pesquisas de opinião são amostrais), faço questão de apontar a dimensão de incerteza presente nos seus resultados, que é estatisticamente observada pela margem de erro. Para uma boa introdução ao cálculo da margem de erro das pesquisas de opinião: Wheelan, *Estatística: o que é, para que serve, como funciona*.

12. A pesquisa foi realizada pelo Latin American Public Opinion Project (Lapop), sediado na Universidade de Vanderbilt, nos Estados Unidos. A pesquisa ouviu 1500 adultos selecionados por amostragem em todo o território nacional. Disponível em: <https://www.vanderbilt.edu/lapop/brazil.php>.

13. Disponível em: <https://g1.globo.com/economia/noticia/2019/01/31/desemprego-fica-em-116-em-dezembro-diz-ibge.ghtml>.

14. Sobre a situação econômica no governo Dilma: De Bolle, *Como matar a borboleta azul*.

3. Gênero (pp. 53-61)

1. Disponível em: <https://www.gazetadopovo.com.br/vozes/lucio-vaz/bolsonaro-viaja-em-campanha-para-presidente-com-dinheiro-da-camara-pode-isso-arnaldo/>.

Notas

2. O episódio pode ser visto em: <https://www.youtube.com/watch?-v=yRV98Im5zRs>.
3. Ver o Censo Escolar 2018, notas estatísticas. Disponível em: <http://download.inep.gov.br/educacao_basica/censo_escolar/notas_estatisticas/2018/notas_estatisticas_censo_escolar_2018.pdf>.
4. Sobre o movimento, ver Pinheiro-Machado, *Amanhã vai ser maior*.
5. Disponível em: <https://epocanegocios.globo.com/Brasil/noticia/2018/10/elite-de-esquerda-era-maioria-em-protesto-contra-bolsonaro-em-sp-aponta-pesquisa-da-usp.html>.
6. O gênero dos eleitores é sempre uma variável testada nos modelos estatísticos sobre o voto, mas são incomuns estudos que analisam especificamente a escolha feminina na disputa presidencial. Um exemplo é o trabalho de Alves, "Diferenças sociais e de gênero nas intenções de voto para presidente em 2010".
7. Dados sobre o gênero dos frequentadores das igrejas evangélicas: Alves, Barros e Cavenaghi, "A dinâmica das filiações religiosas no Brasil entre 2000 e 2010".
8. Arzheimer, "Explaining Electoral Support for the Radical Right".

4. Idade (pp. 62-7)

1. Dados publicados em: <https://g1.globo.com/politica/eleicoes/2018/noticia/2018/08/01/numero-de-eleitores-no-pais-cresceu-3-informa-o-tse.ghtml>.
2. O comportamento eleitoral dos jovens é um tema praticamente não estudado pela ciência política brasileira. Mesmo nos estudos estatísticos que dimensionam o impacto de um conjunto de variáveis sobre o voto, a idade é muitas vezes desconsiderada.
3. Sobre a transição demográfica: Vasconcelos e Gomes, "Transição demográfica: a experiência brasileira".

5. Religião (pp. 68-78)

1. Disponível em: <https://www.youtube.com/watch?v=8Jk8pChaLB0>.
2. Ver Mariano e Pierucci, "O envolvimento dos pentecostais na eleição de Collor".

3. Sobre a transição religiosa: Alves, Barros e Cavenaghi, "A dinâmica das filiações religiosas no Brasil entre 2000 e 2010", e Alves et al., "Distribuição espacial da transição religiosa no Brasil".

4. Disponível em: <https://www1.folha.uol.com.br/poder/2020/01/cara-tipica-do-evangelico-brasileiro-e-feminina-e-negra-aponta-datafolha.shtml>. Os dados mais próximos de 1989 são do Censo Demográfico de 1991. Os dados para 2018 são uma estimativa de uma pesquisa amostral do Datafolha feita em âmbito nacional em dezembro de 2019. Somente em 2021, com a publicação dos dados do novo censo demográfico, teremos um quadro mais preciso da composição religiosa da população brasileira.

5. Os dados das eleições são das pesquisas Eseb-2010 e Eseb-2014.

6. Os números foram retirados de Alves, Barros e Cavenaghi, "A dinâmica das filiações religiosas no Brasil entre 2000 e 2010". Sobre a expansão territorial das religiões: Alves et al., "Distribuição espacial da transição religiosa no Brasil".

7. A declaração do Pastor Everaldo está disponível em: <https://www1.folha.uol.com.br/poder/2018/10/catolico-bolsonaro-investe-em-pauta-evangelica-e-domina-segmento.shtml>.

8. Sobre a vida militar de Bolsonaro: Carvalho, *O cadete e o capitão*. Um resumo de sua carreira política até 2016: Dieguez, "Direita, volver".

9. Disponível em: <https://congressoemfoco.uol.com.br/jair-bolsonaro-o-mito-de-pes-de-barro/>.

10. Fonte para o total de votos de Bolsonaro para a Câmara dos Deputados: *O Globo*, 19 out. 1990; *O Globo*, 21 nov. 1994; e <http://cepespdata.io/>.

11. Nesse período, Bolsonaro começa a ser entrevistado nos programas de rádio e participar de programas de auditórios e de entrevistas na televisão. Mas talvez o que mais tenha lhe dado visibilidade foram suas aparições em programas humorísticos, como o *CQC* e o *Pânico na TV*, que na época tinham alta audiência, sobretudo entre os jovens.

12. Sobre a atuação de Bolsonaro na Frente Parlamentar Evangélica: Vital e Lopes, *Religião e política*.

13. Não se tratou simplesmente de contrastar o conservadorismo de Bolsonaro com as posições progressistas de Fernando Haddad e de Manuela d'Ávila, sua candidata a vice-presidente, nos temas comportamentais. As posições dos dois nesses temas foram os principais alvos de fake news dos apoiadores de Bolsonaro ao longo da campanha, difundidas sobretudo por WhatsApp.

Notas 135

14. A hipótese da afinidade conservadora aparece como tal em dois trabalhos de estudiosos da relação entre religião e política no Brasil: Almeida, "Bolsonaro presidente: conservadorismo, evangelismo e a crise brasileira", e Mariano e Gerardi, "Eleições presidenciais na América Latina em 2018 e ativismo político de evangélicos conservadores".

15. Sobre o apoio de lideranças de âmbito municipal à candidatura de Bolsonaro: Silva, *A religião distrai os pobres? Pentecostalismo e voto redistributivo no Brasil.*

16. Sobre o apoio de lideranças evangélicas: <https://pleno.news/brasil/eleicoes-2018/veja-quais-lideres-religiosos-ja-apoiaram-jair-bolsonaro.html> e <https://epoca.globo.com/thiago-prado/o-que-esta-por-tras-do-apoio-de-lideres-evangelicos-bolsonaro-23154590>.

6. Petismo e antipetismo (pp. 79-86)

1. Para um tratamento detalhado do lugar do petismo e antipetismo na opinião pública e nas eleições até 2014: Borges e Vidigal, "From lulismo to antipetismo?"; Ribeiro, Carreirão e Borba, "Sentimentos partidários e antipetismo"; Samuels e Zucco, *Partisans, Antipartisans, and Nonpartisans.*

2. Levantamento feito com os dados das pesquisas do Eseb realizadas a partir de 2002.

3. Samuels e Zucco, *Partisans, Antipartisans, and Nonpartisans.*

7. As redes sociais (pp. 87-99)

1. É possível ver a propaganda de Leonel Brizola para governador do Rio de Janeiro em 1982: <https://www.youtube.com/watch?v=H0IztMbtzDc>.

2. Sobre a emergência do novo modelo midiático, baseado nas redes sociais: Santos Junior, *Desarranjo da visibilidade, desordem informacional e polarização no Brasil entre 2013 e 2018.*

3. Essa avaliação é feita, por exemplo, pelos diretores de alguns institutos de pesquisa. Disponível em: <https://www.bbc.com/portuguese/brasil-41936761>.

4. Disponível em: <https://veja.abril.com.br/tecnologia/atividade-de-brasileiros-no-facebook-quadruplica-no-2o-turno-eleitoral/>.

136   *O Brasil dobrou à direita*

5. Disponível em: <https://biblioteca.ibge.gov.br/visualizacao/livros/liv101631_informativo.pdf>.

6. Disponível em: <https://www.terra.com.br/noticias/brasil/quem-sao-os-deputados-e-senadores-celebridades-no-twitter,a249f90cdc-66722d72aa83c13fdcef2an6zqpe3d.html>.

7. Disponível em: <https://www.bbc.com/portuguese/salasocial-39837332>.

8. Um resumo das participações de Bolsonaro nos programas de auditório: <http://iespnaseleicoes.com.br/politica-entretenimento-e-polemica-bolsonaro-nos-programas-de-auditorio/>.

9. A eleição brasileira foi uma das primeiras do mundo em que o WhatsApp foi largamente usado como instrumento de campanha. Em 2019, o fenômeno se repetiu na Índia: <https://www.bbc.com/news/world-asia-india-47797151>.

10. Grinberg et al., "Fake News on Twitter During the 2016 U.S. Presidential Election".

11. A restrição de envio para vinte pessoas começou a vigorar no começo de agosto de 2018: <https://www.campograndenews.com.br/tecnologia/whatsapp-limita-encaminhamento-de-mensagens-para-ate-20-contatos>.

12. Piaia e Alves, "Abrindo a caixa preta".

13. Disponível em: <https://congressoemfoco.uol.com.br/eleicoes/das-123-fake-news-encontradas-por-agencias-de-checagem-104-beneficiaram-bolsonaro/>.

14. Disponível em: <https://piaui.folha.uol.com.br/lupa/2018/10/07/artigo-epoca-noticias-falsas-1-turno/>.

15. Sobre a superestimação do impacto das fake news: <https://www.nytimes.com/2018/02/13/upshot/fake-news-and-bots-may-be-worrisome-but-their-political-power-is-overblown.html>.

16. Pereira et al., "Motivated Reasoning Without Partisanship?".

8. Regiões e estados (pp. 100-10)

1. A reportagem foi escrita por João Valadares e publicada na *Folha de S.Paulo* do dia 27 de setembro de 2018. Disponível em: <https://www1.folha.uol.com.br/poder/2018/09/no-coracao-lulista-haddad-e-so-um-numero-de-nome-adraike-radarde-ou-alade.shtml>.

Notas

2. Existem muitos trabalhos que analisam os resultados das eleições presidenciais brasileiras no âmbito regional e estadual. Sobre as eleições realizadas entre 1989 e 2014: Almeida, *O voto do brasileiro*; Cervi, *PSDB e PT em eleições nacionais*; Soares e Terron, "Dois Lulas: a geografia eleitoral da reeleição (explorando conceitos, métodos e técnicas de análise geoespacial)"; Terron, "A composição de territórios eleitorais no Brasil"; e Limongi e Guarnieri, "Competição partidária e voto nas eleições presidenciais no Brasil".

3. Sobre o perfil da bancada do psl: <https://www.estadao.com.br/infograficos/politica,bancada-do-psl-e-mais-jovem-militar-e-empresaria-que-a-dos-demais-partidos,932130>.

4. Para uma análise dos resultados das eleições presidenciais até 2014 nos municípios: Alkmim, *O eterno retorno*. Para um amplo estudo, com ênfase nas microrregiões: Braga e Zolnerkevic, "Padrões de votação no tempo e no espaço".

5. Oyama, *Tormenta: O governo Bolsonaro*.

9. Municípios (pp. 111-20)

1. O analfabetismo adulto está correlacionado com outros indicadores sociais dos municípios. Para dados de 2010, a correlação (r de Pearson) entre analfabetismo adulto e renda per capita é de 0,82; entre o analfabetismo adulto e o índice de desenvolvimento humano a correlação é de 0,89.

2. Entre a extensa lista sobre a emergência dos líderes/partidos populistas, ver: Mudde, *The Populist Radical Right: A Reader* e Mudde e Kaltwasser, *Populism: A Very Short Introduction*.

3. Disponível em: <https://fivethirtyeight.com/features/where-trump-got-his-edge/>.

Anexo: Nota metodológica sobre os gráficos (pp. 127-8)

1. Almeida e Guarnieri, "The Unlikely President"; Amaral, "The Victory of Jair Bolsonaro According to the Brazilian Electoral Study of 2018"; Rennó, "The Bolsonaro Voter".

Referências bibliográficas

ALKMIM, Antonio Carlos. *O eterno retorno: Eleições municipais para presidente no Brasil (1989-2014)*. Rio de Janeiro: Letra Capital, 2018.

ALMEIDA, Alberto. *O voto do brasileiro*. Rio de Janeiro: Record, 2018.

ALMEIDA, Maria Hermínia Tavares de; GUARNIERI, Fernando. "The Unlikely President: The Populist Captain and His Voters". *Revista Euro Latinoamericana de Análisis Social y Político*, ano 1, n. 1, pp. 139--59, 2020.

ALMEIDA, Ronaldo de. "Bolsonaro presidente: Conservadorismo, evangelismo e a crise brasileira". *Novos Estudos Cebrap*, v. 38, n. 1, pp. 185-213, jan.-abr., 2019.

ALVES, José Eustáquio Diniz. "Diferenças sociais e de gênero nas intenções de voto para presidente em 2010". In: ALVES, José Eustáquio Diniz; PINTO, Céli Regina Jardim; JORDÃO, Fátima (orgs.). *Mulheres nas eleições de 2010*. São Paulo: ABCP, 2012, pp. 21-46.

ALVES, José Eustáquio Diniz; BARROS, Luiz Felipe Walter; CAVENAGHI, Suzana. "A dinâmica das filiações religiosas no Brasil entre 2000 e 2010: diversificação e processo de mudança de hegemonia". *Revista de Estudos da Religião*, ano 12, n. 2, pp. 145-74, 2012.

ALVES, José Eustáquio Diniz et al. "Distribuição espacial da transição religiosa no Brasil". *Tempo Social*, v. 29, n. 2, pp. 215-42, 2017.

AMARAL, Oswaldo E. do. "The Victory of Jair Bolsonaro According to the Brazilian Electoral Study of 2018". *Brazilian Political Science Review*, v. 14, n. 1, pp. 1-13, 2020.

AMARAL, Oswaldo E. do; RIBEIRO, Pedro Floriano. "Por que Dilma de novo? Uma análise exploratória do Estudo Eleitoral Brasileiro de 2014". *Revista de Sociologia e Política*, v. 23, n. 56, pp. 107-23, 2015.

ARZHEIMER, Kai. "Explaining Electoral Support for the Radical Right". In: RYDGREN, Jens (org.). *The Oxford Handbook of the Radical Right*, Oxford: Oxford University Press, 2018, pp. 143-65.

AVRITZER, Leonardo. *Política e antipolítica: A crise do governo Bolsonaro*. São Paulo: Todavia, 2020.

Referências bibliográficas

BORGES, André; VIDIGAL, Robert. "From Lulismo to Antipetismo? Polarization, Partisanship, and Electoral Behavior in Brazilian Presidential Elections". *Opinião Pública*, v. 24, n. 1, pp. 53-89, 2018.

BRAGA, Maria do Socorro; ZOLNERKEVIC, Aleksei. "Padrões de votação no tempo e no espaço: Classificando as eleições presidenciais brasileiras". *Opinião Pública*, v. 26, n. 1, pp. 1-33, 2020.

BURDEN, Barry C. "The Dynamic Effects of Education on Voter Turnout". *Electoral Studies*, v. 28, n. 4, pp. 540-9, 2009.

CARDOSO, Adalberto. *À beira do abismo: Uma sociologia política do bolsonarismo*. Rio de Janeiro: Amazon, 2020.

CARVALHO, Luiz Maklouf. *O cadete e o capitão: A vida de Jair Bolsonaro no quartel*. São Paulo: Todavia, 2019.

CERVI, Emerson Urizzi. *PSDB e PT em eleições nacionais: Fatores geográficos, políticos e socioeconômicos na polarização partidária no Brasil (1994-2004)*. Salamanca: Flacso-es, 2016.

DE BOLLE, Monica Baumgarten. *Como matar a borboleta azul: Uma crônica da era Dilma*. Rio de Janeiro: Intrínseca, 2016.

DIEGUEZ, Consuelo. "Direita, volver". *piauí*, n. 120, 2016.

EVANS, Geoffrey; GRAAF, Nan Dirk de (orgs.). *Political Choice Matters: Explaining the Strength of Class and Religious Cleavages in Cross-National Perspective*. Oxford: Oxford University Press, 2013.

GRINBERG, Nir et al. "Fake News on Twitter During the 2016 U.S. Presidential Election". *Science*, v. 363, n. 6425, pp. 374-8, 2019.

HILLYGUS, D. Sunshine. "The Missing Link: Exploring the Relationship Between Higher Education and Political Engagement". *Political Behavior*, v. 27, n. 1, pp. 25-47, 2005.

KANG, Thomas H. *Instituições, voz política e atraso educacional no Brasil, 1930-64*. Dissertação (Mestrado em Economia). USP, 2010.

_____. *The Political Economy of Education Under Military Rule in Brazil, 1964-1985*. Tese (Doutorado em Economia). UFRGS, 2019.

LIMONGI, Fernando; GUARNIERI, Fernando. "Competição partidária e voto nas eleições presidenciais no Brasil". *Opinião Pública*, v. 21, n. 1, pp. 60-86, 2015.

MARIANO, R.; GERARDI, D. "Eleições presidenciais na América Latina em 2018 e ativismo político de evangélicos conservadores". *Revista USP*, n. 120, pp. 61-76, 2019.

MARIANO, R.; PIERUCCI, A. F. "O envolvimento dos pentecostais na eleição de Collor". *Novos Estudos Cebrap*, v. 3, n. 34, pp. 92-106, 1992.

MOURA, Mauricio; CORBELLINI, Juliano. *A eleição disruptiva: Por que Bolsonaro venceu*. Rio de Janeiro: Record, 2019.

MUDDE, Cas, (org.) *The Populist Radical Right: A Reader*. Londres: Routledge, 2017.

MUDDE, Cas; KALTWASSER, Cristóbal Rovira. *Populism: A Very Short Introduction*. Oxford: Oxford University Press, 2017.

NICOLAU, Jairo. "An Analysis of the 2002 Presidential Elections Using Logistic Regression". *Brazilian Political Science Review*, v. 1, n. 1, pp. 125-35, 2007.

_____. "Determinantes do voto no primeiro turno das eleições presidenciais brasileiras de 2010: uma análise exploratória". *Opinião Pública*, v. 20, n. 3, pp. 311-25, 2014.

_____. "Os quatro fundamentos da competição política no Brasil (1994-2014)". *Journal of Democracy*, v. 6, n. 1, pp. 83-106, 2017.

_____. "O triunfo do bolsonarismo". *piauí*, n. 146, pp. 1-15, 2018.

NOBRE, Marcos. *Ponto-final: A guerra de Bolsonaro contra a democracia*. São Paulo: Todavia, 2020.

OYAMA, Thaís. *Tormenta: O governo Bolsonaro: crises, intrigas e segredos*. São Paulo: Companhia das Letras, 2019.

PEIXOTO, Vitor; RENNÓ, Lucio. "Mobilidade social ascendente e voto: as eleições presidenciais de 2010 no Brasil". *Opinião Pública*, v. 17, n. 2, pp. 304-32, 2011.

PEREIRA, Frederico Batista et al. Motivated Reasoning Without Partisanship? Fake News in the 2018 Brazilian Elections, 2018. Em revisão para publicação.

PIAIA, Victor; ALVES, Marcelo. "Abrindo a caixa-preta: Análise exploratória da rede bolsonarista no WhatsApp". *Compolítica 8*. Brasília, 2019.

PINHEIRO-MACHADO, Rosana. *Amanhã vai ser maior: O que aconteceu com o Brasil e possíveis rotas de fuga para a crise atual*. São Paulo: Planeta, 2019.

RENNÓ, Lucio. "The Bolsonaro Voter: Issue Positions and Vote Choice in the 2018 Brazilian Presidential Elections". *Latin American Politics and Society*, pp. 1-27, 2020.

RIBEIRO, Ednaldo; CARREIRÃO, Yan; BORBA, Julian. "Sentimentos partidários e antipetismo: Condicionantes e covariantes". *Opinião Pública*, v. 22, n. 3, pp. 603-37, 2016.

SAMUELS, David; ZUCCO, Cesar. *Partisans, Antipartisans, and Nonpartisans: Voting Behaviour in Brazil*. Cambridge: Cambridge University Press, 2018.

Referências bibliográficas 141

SANTOS JUNIOR, Marcelo Alves dos. *Desarranjo da visibilidade, desordem informacional e polarização no Brasil entre 2013 e 2018*. Tese (Doutorado em Comunicação). UFF, 2019.

SILVA, Fernando de Barros e. "Dentro do pesadelo: O governo Bolsonaro e a calamidade brasileira". *piauí*, n. 164, pp. 1-21, 2020.

SILVA, Victor Augusto Araújo. *A religião distrai os pobres? Pentecostalismo e voto redistributivo no Brasil*. Tese (Doutorado em Ciência Política). USP, 2019.

SINGER, Andre; VENTURI, Gustavo. "Sismografia de um terremoto eleitoral". In: Vários autores. *Democracia em risco? 22 Ensaios sobre o Brasil hoje*. São Paulo: Companhia das Letras, 2019.

SOARES, Gláucio Ary Dillon; TERRON, Sonia. "Dois Lulas: A geografia eleitoral da reeleição (explorando conceitos, métodos e técnicas de análise geoespacial)". In: *Opinião Pública*, v. 14, n. 2, pp. 269-301, 2008.

TERRON, Sonia. *A composição de territórios eleitorais no Brasil: Uma análise das votações de Lula (1989-2006)*. Tese (Doutorado em Ciência Política). Iesp/Uerj, 2009.

VÁRIOS AUTORES. *Democracia em risco? 22 ensaios sobre o Brasil hoje*. São Paulo: Companhia das Letras, 2019.

VASCONCELOS, Ana Maria Nogales; GOMES, Marília Miranda Forte. "Transição demográfica: a experiência brasileira". *Epidemiologia e Serviços de Saúde*, v. 21, n. 4, pp. 539-48, 2012.

VITAL, Christina; LOPES, Paulo Victor Leite. *Religião e política: Uma análise da atuação de parlamentares evangélicos sobre direitos das mulheres e de LGBTs no Brasil*. Rio de Janeiro: Fundação Henrich Boll/ Iser, 2013.

WHEELAN, Charles. *Estatística: O que é, para que serve, como funciona*. Rio de Janeiro: Zahar, 2016.

Agradecimentos

A ideia deste livro surgiu de uma conversa com Cristina Zahar. Ricardo Teperman encampou o projeto e deu todo apoio para que ele se tornasse viável. O editor Mauro Gaspar acompanhou as fases da elaboração do texto e foi um incansável incentivador. Clarice Zahar, mais uma vez, fez um trabalho de revisão excepcional, que tornou o texto bem mais inteligível para os não especialistas.

Agradeço a Celso Castro, diretor do CPDOC-FGV, que foi um entusiasta do projeto e ofereceu o apoio institucional para sua realização. Uma parte da pesquisa foi realizada no âmbito do projeto Capes/Print; passei uma curta temporada no King's College em Londres, onde contei com o acolhimento (e boas conversas) de Anthony Pereira, diretor do King's Brazil Institute.

Agradeço aos colegas que, mesmo com o prazo exíguo, se dispuseram a fazer uma leitura dos originais. Vitor Peixoto, Monica Bruckmann e Vagner Gomes fizeram excelentes comentários à primeira versão do texto. Ana Carolina Evangelista me ajudou com o capítulo sobre religião e Daniel Galuch com esclarecimentos sobre a legislação eleitoral.

Faço um agradecimento especial para Joana Garcia, que além do incentivo diário discutiu comigo o formato do livro e fez uma primeira leitura fundamental.

1ª EDIÇÃO [2020] 1 reimpressão

ESTA OBRA FOI COMPOSTA POR MARI TABOADA EM DANTE PRO E
IMPRESSA EM OFSETE PELA GRÁFICA PAYM SOBRE PAPEL PÓLEN SOFT
DA SUZANO S.A. PARA A EDITORA SCHWARCZ EM NOVEMBRO DE 2020

A marca FSC® é a garantia de que a madeira utilizada na fabricação do papel deste livro provém de florestas que foram gerenciadas de maneira ambientalmente correta, socialmente justa e economicamente viável, além de outras fontes de origem controlada.